HERZLICHEN GLÜCKWUNSCH

Mit dem Kauf dieses Buches haben Sie sich entschieden mehr auf Ihre Gesundheit und Figur zu achten. Das ist Ihr Einstieg in eine vitalere Ernährung. Sie werden damit Ihrem Gewichtsziel Woche für Woche näher kommen und gewinnen gleichzeitig mehr Vitalität und Lebensfreude. Zu diesem Entschluss gratulieren wir Ihnen ganz herzlich und danken für Ihr Vertrauen, diesen Weg mit invikoo zu gehen.

Invikoo steht für individuelles und vitales kochen online. Denn alle Rezepte aus unserer Datenbank beinhalten überwiegend natürliche und vitalstoffreiche Lebensmittel. So bekommt Ihr Körper während der Gewichtsabnahme Vitalstoffe satt und schaltet nicht in den Sparbetrieb.

Die fettarmen Rezepte in diesem Buch sind die beliebtesten, ausgewählt aus über 12.000 Rezepten unserer Datenbank. Sie sind arm an Kalorien und reich an Geschmack. Probieren Sie alle aus und bauen die Rezepte, die Ihnen besonders gut schmecken regelmäßig in Ihren Speiseplan ein. Online können Sie z. B. all Ihre Lieblingsrezepte aus diesem Buch in Ihrer Merkliste abspeichern und haben noch viele weitere tolle Möglichkeiten. Am Ende des Buches informieren wir Sie ausführlicher über die Einrichtung Ihres persönlichen und kostenlosen Kontos auf www.invikoo.de.

Jedes Rezept in diesem Ernährungsplan liefert Ihnen zwischen 400 und 500 Kalorien. Sollte Ihnen das zu viel oder zu wenig sein, dann laden Sie sich einfach das passende E-Book mit dem Gutscheincode „8pk41tr3“ herunter. Diesen Ernährungsplan finden Sie nämlich in unserem Shop auf www.invikoo.de auch mit Rezepten im Bereich 300 - 400 Kalorien sowie 500 - 600 Kalorien. Natürlich können Sie sich auch für eine andere Ernährungsform wie z. B. Low Carb, Clean Eating, High Protein, Vegetarisch oder Vegan entscheiden und diese einmal ausprobieren. Ebenso können Sie sich in unserem Shop die 10 Bauchweg-Fitnessvideos mit dem Gutscheincode „cx741a56“ kostenlos bestellen.

Sie wollen direkt loslegen? Dann lesen Sie sich bitte die Anleitung für die Vitalfastentage und den Ernährungsplan durch, erstellen Ihre Einkaufsliste und dann geht's an die neuen leicht und lecker schmeckenden Rezepte. Dabei wünschen wir Ihnen viel Spaß und Erfolg!

ERKLÄRUNG LEGENDE

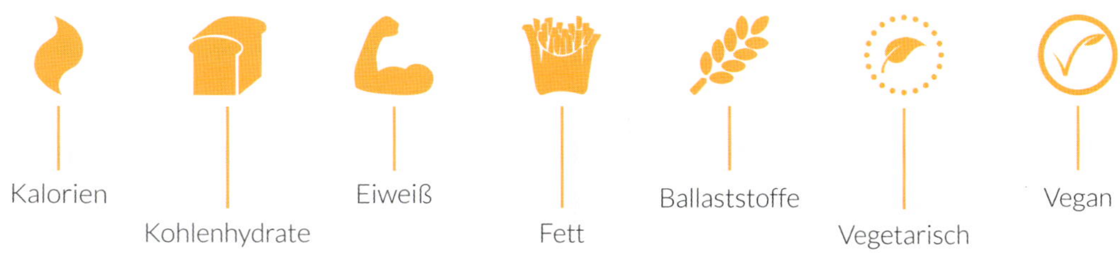

Ihr **START**

Ihr **TURBO**

Ihre **REZEPTE**

Ihre **EXTRAS**

DIE GRUNDREGELN

1.
RICHTIG TRINKEN

Trinken Sie 2 bis 3 Liter Wasser am Tag. Sie reinigen damit Ihren Körper, versorgen ihn besser mit Nährstoffen und kurbeln Ihren Stoffwechsel an. Alkohol ist dagegen ein Gift. Er muss abgebaut werden und blockiert andere Stoffwechselprozesse wie zum Beispiel die Fettverbrennung. Darüber hinaus liefert 1 Gramm Alkohol 7 Kalorien und somit fast doppelt soviel wie 1 Gramm Zucker.

2.
NATÜRLICH & FRISCH

Wählen Sie bevorzugt natürliche Lebensmittel und meiden Sie stark verarbeitete Produkte. Je intensiver ein Nahrungsmittel verarbeitet ist, desto mehr Nähr- und Ballaststoffe werden zerstört. Beides ist aber für eine gute und lang anhaltende Sättigung wichtig. Verzichten Sie ebenfalls auf Zusätze wie Farb- und Konservierungsstoffe, Aromen und Geschmacksverstärker.

3.
OBST & GEMÜSE

Ob roh, gekocht oder als Smoothie. Auf Ihrem Speiseplan sollte alles landen, was Ihnen in der Gemüseabteilung ins Auge springt und gerade Saison hat. Vorzugsweise Bio. Alternativ dürfen Sie auch mal zur TK-Ware greifen.

4.
DIE RICHTIGEN KOHLENHYDRATE

Eine Reduzierung der Kohlenhydrate wie bei der Low-Carb Ernährung fällt weg. Sie können also nach Lust und Laune Kohlenhydrate schlemmen. Allerdings nur die vollwertigen. Das macht zufrieden und sättigt lang anhaltend. Auf Weißmehlprodukte, Zucker und Süßstoffe sollten Sie hingegen verzichten.

5.
DIE RICHTIGEN FETTE

Reduzieren Sie insgesamt Ihre Fettzufuhr und vermeiden Transfette. Bevorzugen Sie also hochwertige Öle, Nüsse, Samen und Saaten und verzichten möglichst auf gehärtete Pflanzenfette in den Lebensmitteln.

6.
KRÄUTER & GEWÜRZE

Viele Menschen essen mehr Salz als nötig. Das führt zu Wassereinlagerungen, was sich schnell auf der Waage bemerkbar macht. Tauschen Sie daher etwas Salz zugunsten hochwertiger Kräuter und anderer Gewürze aus. Vor allem die klassischen Salzbomben wie Brot und Wurst oder Käse sollten Sie reduzieren.

Die Low-Fat ERNÄHRUNGSFORM

Wenn Sie gerne Reis, Nudeln, Brot und Kartoffeln essen, fühlen Sie sich mit einer Low Fat Diät sicherlich gut. Denn diese müssen Sie in einer fettarmen Ernährung nicht reduzieren. Achten sollten Sie allerdings auf die Auswahl vollwertiger Kohlenhydrate. Mit diesen ballaststoffreichen Kohlenhydraten haben Sie nämlich einen doppelten Vorteil: Sie sättigen besser und sorgen für eine gute und aktive Darmflora.

MIT LOW-FAT GESÜNDER UND LÄNGER LEBEN

Gespart wird dagegen bei den Fetten. Das macht Sinn. Denn in Deutschland nehmen wir pro Tag und Person mehr als 40 % unserer Nahrungsenergie in Form von Fetten zu uns. Das sind im Durchschnitt 140 Gramm. Fast 60 % davon sind tierische gesättigte Fette. Das ist doppelt so viel, wie empfohlen und führt zu einem höheren Cholesterinspiegel. Ist dieser dauerhaft erhöht, steigt das Risiko für Bluthochdruck und andere Herz-Kreislauf-Erkrankungen. Das tückische daran ist, dass die vorausgehende Verkalkung der Blutgefäße keine Schmerzen verursacht. Beschwerden treten oftmals erst auf, wenn die Blutgefäße schon stark verkalkt sind. Dann kann es für einige aber schon zu spät sein.

Das Herz ist Ihr Lebensmotor und bestimmt zusammen mit dem Zustand der Blutgefäße Ihr biologisches Alter. Vor allem Männer können länger leben, wenn es ihnen gelingt den Cholesterinspiegel dauerhaft unter 200 mg/dl zu halten. Nach wie vor sind die Herz-Kreislauf-Erkrankungen die Todesursache Nr. 1 in Deutschland. Dabei verdreifacht ein zu hoher Cholesterinspiegel das Herzinfarkt-Risiko. Kommt noch Rauchen oder Bewegungsmangel hinzu, ist das Risiko noch einmal deutlich erhöht. Bereits 2/3 aller Jugendlichen haben erste Anzeichen von Fettablagerungen in den Gefäßen.

Warten Sie daher nicht länger und machen einen Ölwechsel. Reduzieren Sie die tierischen Fette in der Nahrung und tauschen einen Teil gegen pflanzliche Fette aus. Insbesondere Butter, Wurst, Käse und andere fettreiche Milchprodukte sind die wesentlichen Quellen tierischer Fette und sollten reduziert werden.

MIT LOW-FAT EINFACH UND OHNE HUNGERN ABNEHMEN

Die Low Fat Ernährung eignet sich auch prima als langfristiges Modell, da sie sich relativ leicht in den Alltag einbauen lässt und einfach in der Umsetzung ist. Ein weiterer großer Vorteil ist die Reduzierung des Hungergefühls bei der Gewichtsabnahme. Denn Fette haben mit 9,3 Kalorien pro Gramm die höchste Energiedichte überhaupt. Das ist mehr als doppelt so viel, wie bei den Kohlenhydraten und Eiweißen. Diese kommen gerade mal auf 4,1 Kalorien pro Gramm. So kann man zum Beispiel für 10 Gramm Bratfett, 2 ganze Schlangengurken essen. Beides hat in etwa die gleiche Kalorienzahl. Da fällt es nicht schwer zu überlegen, was besser sättigt.

Bei den Fetten nehmen besonders die mehrfach ungesättigten Omega-3 und Omega-6-Fettsäuren eine wichtige Rolle ein. Sie sind wie bestimmte Aminosäuren lebensnotwendig und müssen regelmäßig mit der Nahrung aufgenommen werden. Ebenso wie die einfach ungesättigten Fette, wie z. B. das Olivenöl. Besonderes Augenmerk sollte dabei auf die Omega-3-Fette fallen. Denn davon nehmen wir in der Regel zu wenig zu uns. Diese sind enthalten in Leinsamen, Chiasamen, Walnüssen und dem Lein- und Walnussöl. Diese Fette haben ähnlich wie Vitamine, viele stoffwechselaktivierende Funktionen und schützen unsere Gesundheit.

Neben den tierischen und pflanzlichen Fetten gibt es noch besonders schädliche Fettsäuren, die bei der Verarbeitung von Pflanzenfetten entstehen. Diese sogenannten Transfettsäuren sind die ungesündesten Fette und erhöhen das Risiko für Diabetes und Herz-Kreislauf-Erkrankungen dramatisch. Daher sollten Sie diese ganz aus Ihrem Speiseplan streichen. Sie stecken in Frittierten wie zum Beispiel Pommes, in Backwaren die in heißem Fett zubereitet wurden, in Chips, Schokoriegeln, Nuss-Nougat-Cremes und anderen Fertigprodukten. Oft verstecken Sie sich unter der Bezeichnung „gehärtetes Pflanzenfett“. Schon 2% mehr Transfette in der Nahrung erhöhen das Herzinfarktrisiko um 30 % und das Diabetes-Risiko sogar um 40 %. Daher gilt seit dem 2. April 2021 ein von der europäischen Kommission beschlossenes Gesetz, welches maximal 2 % Transfette in Lebensmitteln erlaubt.

Tipps für Ihren

FLÜSSIGKEITSHAUSHALT

Vielen Menschen fällt es schwer, täglich ausreichend zu trinken. Manche mögen kein Wasser, trinken hochkalorische Getränke und nehmen so zusätzliche Kalorien auf. Dabei gibt es leckere und schnelle Alternativen. Sparen Sie sich also diese Zusatzkalorien und fühlen sich vitaler und wacher, indem Sie das Wasser mit Obst- und Gemüsesorten sowie frischen Kräutern aufwerten. Ihr Körper freut sich über zusätzliche Vitamine und Mineralien.

Dieses "Infused Water" ist nicht nur ein farbenfroher Hingucker, auch geschmacklich ist für jeden Gaumen etwas dabei. Für die Zubereitung einfach das Gemüse und Obst gründlich waschen und klein schneiden. Eine Karaffe vorbereiten, die Zutaten mit kaltem Wasser aufgießen und kühl stellen. Am besten eignet sich stilles Wasser, jedoch kann nach Geschmack auch Mineralwasser gewählt werden. Das Infused Water dann einige Stunden oder über Nacht ziehen lassen, so dass sich die vielfältigen Aromen entfalten können.

Drei unterschiedliche Kombinationen haben wir für Sie kreiert:

GURKE, BEERE & THYMIAN

Der Belebende

ZUTATEN

1 Liter Wasser
0,25 Salatgurke
80 g Blaubeeren
2 Thymianzweige

ZUBEREITUNG

Gurke waschen und in Scheiben schneiden. Blaubeeren abbrausen. Alles zusammen in einen Krug mit Wasser geben, kalt stellen und für etwa zwei Stunden ziehen lassen.

ROSMARIN & MINZE
Der Aromatische

ZUTATEN

1 Liter	Wasser
80 g	Himbeeren
1	Zitrone
0,25	Gurke
10	Minzblätter
2	Rosmarinzweige

ZUBEREITUNG

Zitrone und Gurke gründlich waschen, in Scheiben schneiden und in eine Karaffe füllen. Alles in einen Krug mit Wasser geben und für etwa zwei Stunden kalt stellen.

ERDBEERE & LIMETTE
Der Fruchtige

ZUTATEN

1 Liter	Wasser
80 g	Erdbeeren
1	Limette
10	Minzblätter

ZUBEREITUNG

Limette heiß abwaschen und in Scheiben schneiden. Erdbeeren waschen und in Scheiben schneiden. Minze putzen und mit dem Obst in eine Karaffe geben. Mit Wasser auffüllen und für etwa zwei Stunden kaltstellen.

Schnelle Erfolge

DAS VITALFASTEN

Bevor Sie mit Ihrem Ernährungsplan starten, empfehlen wir Ihnen zu Beginn drei Vitalfastentage. Damit kommen Sie direkt am Anfang in den Genuss vieler Vorteile. So nehmen die meisten Teilnehmer innerhalb dieser Tage schon ein, zwei oder sogar drei Pfund ab. Aber es gibt noch viele weitere Vorteile, warum Sie mit dieser Einstiegsphase beginnen sollten.

DAS VITALFASTEN - IHR TURBO FÜR DEN STOFFWECHSEL

Nur mit der richtigen Menge an Vitalstoffen läuft Ihr Stoffwechsel wieder auf Hochtouren. Dafür empfehlen wir Ihnen anstatt der aktuell durchschnittlichen 350 g Obst und Gemüse, zukünftig 600-800 g am Tag zu essen. Denn fast alle Menschen in Deutschland leiden an einem Mangel bestimmter Vitalstoffe, obwohl wir im Überfluss leben. Das liegt nicht nur daran, dass wir zu wenig Obst und Gemüse essen. Unsere Böden sind ausgelaugt, die Lebensmittel werden zu lange gelagert, zu stark verarbeitet und erhitzt, bis sie vitalstoffarm sind.

Fast niemand erhält heute die Menge an Mikronährstoffen aus der Nahrung, die der Steinzeitmensch aus frischen, nicht gelagerten, nicht raffinierten und nicht gekochten Lebensmitteln zu sich nahm. Im Vergleich zum Steinzeitmenschen nehmen wir mit 2.000 Kalorien nur noch ein Drittel der Vitamine zu uns. Deswegen bekommen Sie an den Vitaltagen reichlich Obst und Gemüse. Die eine Hälfte roh und die andere Hälfte gegart oder in Suppen zubereitet. Bringen Sie also mit dem Vitalfasten Ihren Stoffwechsel wieder auf Hochtouren.

Ebenso stellen Sie mit diesen Tagen Ihren Körper auf Fettverbrennung um. Durch die Reduzierung der Kohlenhydrate stoppen Sie das ständige Auf und Ab des Blutzuckerspiegels und aktivieren Ihren „Fatburner-Turbo". Das ist das Ziel. Deswegen empfehlen wir Ihnen das Vitalfasten in jedem Fall. Sie haben damit tolle Einstiegserfolge, die motivieren weiter zu machen. Sie werden aber noch mehr erleben. Durch die begradigte Blutzuckerkurve werden Sie sich den ganzen Tag über viel aktiver fühlen und das klassische Nachmittagstief bleibt aus. Ihr Körper wird nicht mehr so belastet und wahrscheinlich schlafen Sie auch besser. Auf jeden Fall wird in diesen Tagen Ihr Wohlbefinden steigen, da Ihr Körper Vitalstoffe satt bekommt.

WICHTIG - IHRE VORBEREITUNGEN AUF DAS VITALFASTEN

Nehmen Sie sich für das Vitalfasten Zeit und planen es. Das fängt schon beim Einkaufen an. Kaufen Sie nur die benötigten Lebensmittel und brauchen die alten auf oder verschenken sie. Erstellen Sie sich aus den Rezepten eine Einkaufsliste und kaufen auch nur diese Lebensmittel ein. Bereiten Sie gleich mehrere Portionen zu, sodass Sie die Rezepte auch öfter essen können.

Es ist wichtig, dass Sie die 3 Vitaltage konsequent durchziehen. Das ist für Ihren Stoffwechselturbo und die Fettverbrennung von enormer Bedeutung.

Wenn Sie gerne Kohlenhydrate essen und Ihnen der Verzicht schwer fällt, dann starten Sie nach diesen 3 Tagen mit Ihrem Ernährungsplan. Wenn Ihnen das Vitalfasten gut tut, dann hängen Sie noch ein paar Tage dran. Aber übertreiben Sie es nicht. Spätestens nach 7 Tagen sollte Schluss sein. Wiederholen Sie es dann lieber zu einem späteren Zeitpunkt. Diese Tage eigenen sich auch sehr gut als Ausgleichstage nach Festen wie Weihnachten, Ostern oder nach Urlauben. Damit werden Sie ganz schnell die angesammelten Kilos wieder los.

Suchen Sie sich aus den Rezepten für das Vitalfasten Ihre Mahlzeiten für das Frühstück, Mittag- und Abendessen aus und essen sich an diesen drei Mahlzeiten satt. Wenn eine Portion nicht ausreicht, nehmen Sie noch einen Nachschlag. Wichtig ist, dass Sie bis zur nächsten Mahlzeit (nach ca. 4-5 Stunden) nicht lange Hungern. Essen Sie auch nichts zwischendurch, da dies Ihre Fettverbrennung blockiert.

Je nachdem, wie Sie sich vorher ernährt haben, kann diese Einstiegsphase eine Umstellung für Ihren Stoffwechsel bedeuten. Es könnte öfter mal im Magen rumoren oder zu Blähungen kommen. Lassen Sie sich dadurch nicht beirren, sondern trinken einen Fencheltee. Das hilft und beruhigt den Magen. Auch kann es die ersten Tage sein, dass Sie öfter Wasser lassen müssen. Das ist ebenfalls normal, da Sie sich mit dieser pflanzlichen Kost sehr mineralstoffreich ernähren und entwässern. Ebenso kann der Stuhlgang für ein paar Tage ausbleiben, was auch kein Grund zur Besorgnis ist. In diesen Tagen produziert Ihr Körper einfach nicht so viel Stoffwechselmüll, der entsorgt werden muss.

Ihre REZEPTE

Zünden Sie Ihre Fettverbrennung und Ihren Stoffwechsel mit dem Vitalfasten und essen sich nach Lust und Laune an diesen vitalen Rezepten satt. Es lohnt sich in jedem Fall!

339 kcal	50 %	28 %	22 %	9 g

Pfirsichjoghurt mit Himbeeren

Zubereitung

1. Den Pfirsich waschen, entkernen und in kleine Stücke schneiden.
2. Den Joghurt zusammen mit dem Quark, Honig und Orangensaft in eine Schale geben und verrühren.
3. Die Pfirsichstücke und Himbeeren zum Joghurt geben und mit einem Minzblättchen garniert servieren.

Zutaten

200 g Joghurt, 3,5 % Fett
1 Plattpfirsich
100 g Magerquark
2 EL Orangensaft
150 g Himbeeren
1 TL Honig

Garnitur

Minzblättchen

Himbeeren reifen nicht nach und sollten daher nach der...
...Ernte möglichst schnell gegessen oder verarbeitet werden.

 363 kcal 55 % 23 % 22 % 4 g

Bananenjoghurt mit Apfel und Zimt

Zubereitung

1. Die Banane schälen und im Mixer mit den Minzblättern fein pürieren.
2. Den Joghurt mit dem Quark, Limettensaft, Ahornsirup und Cashewmus hinzufügen, nach Geschmack mit Zimt würzen und gut verrühren.
3. Den Apfel entstielen, entkernen, in Stücke schneiden und in eine Schüssel geben.
4. Den Joghurt über die Apfelstücke gießen und mit Minze garniert servieren.

Zutaten

1 Banane
0,5 Apfel
100 g Magerquark
75 g Joghurt, 1,5 % Fett
1 EL Cashewmus
1 TL Ahornsirup
6 Blätter Minze
1 EL Limettensaft

Gewürze

Zimt

Geschälte Äpfel haben nur noch halb so viel Ballaststoffe,...
...Vitamin C und Eisen. Deshalb am besten ungeschält essen.

326 kcal	68 %	8 %	24 %	3 g

Maracuja-Bananen-Smoothie

Zubereitung

1. Das kernige Fruchtfleisch der Maracujas zusammen mit der Banane, dem Cashewmus und 50 ml Orangensaft in einen Mixer geben und auf höchster Stufe pürieren.

2. Den restlichen Orangensaft dazu geben und alles noch einmal gut durchmixen.

3. Den fertigen Smoothie im Glas anrichten und nach Bedarf mit frischer Minze garniert servieren.

Zutaten

2 Maracujas
1 Banane, reif
250 ml Orangensaft
1 EL Cashewmus

Gewürze

frische Minze

Die Maracuja beinhaltet viel Calcium, Eisen, Eiweiß sowie...
...Vitamin A und C. Das unterstützt Ihr Immunsystem, wirkt blutdruck-senkend und hat eine beruhigende und schlaffördernde Wirkung.

304 kcal	75 %	10 %	15 %	25 g

Salat mit Blutorange, Himbeeren und Tomaten

Zubereitung

1. Die Blutorangen schälen, die weiße Haut entfernen und in dünne Scheiben schneiden. Die Tomaten halbieren.

2. Die Schalotte schälen und in kleine Würfel schneiden.

3. Das Öl mit dem Weißweinessig und Orangensaft in einer Schale verrühren und mit Salz und Pfeffer würzen.

4. Das Obst mit dem Gemüse zusammen anrichten, mit dem Dressing begießen und servieren.

Zutaten

80 g Salat, nach Wahl
1,5 Blutorangen
125 g Himbeeren
125 g Blaubeeren
125 g Kirschtomaten, gelb
0,5 Schalotte
1 TL Öl
1 EL Weißweinessig
2 EL Orangensaft

Gewürze

Salz
Pfeffer

Schon gewusst? Blutorangen benötigen ein wechselhaftes...
...Klima um zu reifen. Die rote Färbung des Fruchtfleisches entsteht durch starke Temperaturschwankungen.

305 kcal	68 %	9 %	23 %	10 g

Rotkohlsalat mit Mandarinen und Pinienkernen

Zubereitung

1. Den Rotkohl halbieren, den Strunk heraus schneiden und die Blätter in feine Streifen schneiden.
2. Die Rotkohlstreifen in eine Schale geben. Den Balsamico und die Hälfte des Honigs dazu geben und kräftig durchkneten.
3. Die Mandarinen schälen und in Stücke schneiden.
4. Den Rotkohl mit Salz und Pfeffer abschmecken. Die Mandarinenstücke und Pinienkerne dazu geben und etwas ziehen lassen.
5. Für das Dressing die saure Sahne mit dem Zitronensaft, Zimt und dem restlichen Honig in eine Schale geben. Nach Belieben mit Salz und Pfeffer abschmecken und umrühren.
6. Alles zusammen anrichten, das Dressing über den Salat geben und servieren.

Zutaten

280 g Rotkohl
2 Mandarinen
1 EL Balsamico, hell
1 TL Pinienkerne

Dressing

2 EL saure Sahne, 10 % Fett
1 TL Zitronensaft
2 TL Honig

Gewürze

Salz
Pfeffer
0,5 TL Zimt

Pinienkerne kann man auch prima in der Pfanne anrösten.

372 kcal	58 %	24 %	18 %	25 g

Gemüse-Bohneneintopf

Zubereitung

1. Die Bohnen in einem Sieb abspülen und abtropfen lassen.
2. Die Schalotte schälen und in feine Würfel schneiden.
3. Die Paprika entkernen, waschen und klein schneiden. Die Zucchini würfeln.
4. Das Öl in einer Pfanne erhitzen und die Schalottenwürfel darin 1 Minute andünsten. Dann das Gemüse dazugeben und 4 Minuten anbraten.
5. Die Bohnen dazugeben und mit der Gemüsebrühe ablöschen. Den Eintopf nach Geschmack mit Salz, Pfeffer, Oregano und Petersilie würzen.
6. Bei mittlerer Hitze 5 Minuten schmoren lassen und anschließend servieren.

Zutaten

250 g weiße Bohnen, Dose
0,5 Paprika, rot
0,5 Paprika, gelb
1 Zucchini
1 Schalotte
1 TL Olivenöl
50 ml Gemüsebrühe

Gewürze

Salz
Pfeffer
Oregano
Petersilie, gehackt

Öfter im Stress? Da kommt eine Portion weiße Bohnen wie...
...gerufen! Der hohe Gehalt an Magnesium in weißen Bohnen ist gut für die Nerven.

362 kcal	53 %	24 %	23 %	12 g

Käsesuppe mit Lauch und Petersilie

Zubereitung

1. Den Lauch in Ringe schneiden. Einige der Ringe für die Garnitur beiseite legen.
2. Die Pastinaken und Petersilienwurzel schälen, waschen und grob raspeln, oder im grob Mixer zerkleinern.
3. Die Gemüsebrühe in einem Topf erhitzen und die Lauchringe, Pastinaken- und Petersilienraspeln 10-15 Minuten köcheln lassen. Dann alles grob pürieren, den Schmelzkäse und Weißweinessig hinzufügen und 2 Minuten ziehen lassen.
4. Die Suppe mit Salz und Pfeffer nach Belieben würzen und mit der Petersilie garniert servieren.

Zutaten

500 ml Gemüsebrühe
150 g Lauch
75 g Schmelzkäse, 9 % Fett
2 Pastinaken
1 kleine Petersilienwurzel
1 TL Petersilie, gehackt
1 TL Weißweinessig

Gewürze

Salz
Pfeffer

Lauch ist eine sehr gute Vitamin C Quelle, enthält reichlich...
...Ballaststoffe, Folsäure und mehr Eiweiß als Zwiebeln.

351 kcal	52 %	20 %	28 %	15 g

Kichererbsensuppe mit Kreuzkümmel und Koriander

Zubereitung

1. Die Frühlingszwiebeln in feine Ringe schneiden, den Knoblauch pressen, die Möhren raspeln und die Kichererbsen abtropfen lassen.

2. Das Öl in einem Topf erhitzen und die Frühlingszwiebelringe mit dem Knoblauch 1 Minute anbraten. Dann die Möhren und die Kichererbsen hinzugeben und weitere 2 Minuten braten.

3. Die Gemüsebrühe mit dem Paprikapulver und gemahlenen Kreuzkümmel hinzufügen und alles 10 Minuten bei geschlossenem Deckel köcheln lassen. Dabei gelegentlich umrühren.

4. Anschließend den Limettensaft hinzufügen und die Suppe mit Salz und Pfeffer abschmecken.

5. Die Suppe mit einem Klecks Joghurt und dem Koriander garniert servieren.

Zutaten

200 g Kichererbsen, Dose
2 Möhren
400 ml Gemüsebrühe
2 Frühlingszwiebeln
1 TL Joghurt, 1,5 % Fett
1 Knoblauchzehe
1 TL Öl
1 EL Koriander, gehackt
0,5 TL Paprikapulver, scharf
0,5 TL Kreuzkümmel
1 TL Limettensaft

Gewürze

Salz
Pfeffer

Dank seiner zahlreichen ätherischen Öle kann Koriander...
...Krämpfe lösen, die Verdauung fördern und Entzündungen hemmen.

Praktische ANLEITUNG

Bevor es nun weiter geht, hier noch ein paar wichtige Tipps. Sollten Sie z. B. nach einer Mahlzeit mal nicht satt geworden sein, dann essen Sie einfach etwas mehr davon. Das ist besser, als zwischendurch etwas ungesundes und hochkalorisches zu essen. Denn das Prinzip der drei Mahlzeiten, ohne ständiges „zwischendurch essen", ist wichtig für Ihren Erfolg. Wenn Sie satt sind bevor Sie aufgegessen haben, dann heben Sie den Rest einfach für später auf. Wichtig ist, dass Sie nach den Mahlzeiten ein gutes Sättigungsgefühl haben.

Sie müssen die folgenden Rezepte nicht in der angegebenen Reihenfolge kochen. Morgens starten Sie mit einem guten Frühstück und nehmen nach 4 bis 5 Stunden die nächste Mahlzeit ein. In den Rezepten können Sie einzelne Lebensmittel austauschen. Bekommen Sie z. B. saisonale Obst- und Gemüsesorten nicht, dann nehmen Sie eine andere oder Tiefkühlkost. Aber bitte nicht mit Extra-Zucker oder Butter! Lesen Sie sich die Inhaltsangaben auf den Verpackungen gut durch.

Die Rezepte für morgens, mittags und abends können Sie ebenfalls untereinander tauschen. Um Zeit zu sparen, können Sie gleich mehrere Portionen zubereiten und diese mitnehmen oder für später einfrieren. Nach dem Auswählen der Rezepte erstellen Sie sich wie beim Vitalfasten eine persönliche Einkaufsliste für die Woche oder die nächsten Tage und kaufen auch nur das ein. Andere oder angebrochene Lebensmittel, die nicht auf Ihrem Speiseplan stehen, sollten Sie vorher aufbrauchen oder verschenken.

Täglich sollten Sie 2-3 Liter kalorienarme Flüssigkeit trinken. Das ist wichtig für Ihren Abnehmerfolg und Ihre Gesundheit. Ihre Nieren werden gut gespült, die Fließfähigkeit des Blutes verbessert sich, Sie sind konzentrierter, beugen Verstopfungen vor und Ihre Haut bleibt straff und elastisch. Pro Liter Wasser, den Sie trinken, verbraucht Ihr Stoffwechsel bis zu 100 Kalorien! Bei 3 Litern am Tag haben Sie also schon bis zu 300 Kalorien verbrannt. Um diese gleiche Menge beim Sport zu verbrennen, müssten Sie ca. 30 Minuten Joggen. Trinken Sie sich also schlank. Trinken Sie immer wenn Sie Hunger haben und vor allem vor dem Essen und Ihrer Sporteinheit. Flüssigkeit füllt den Magen und Sie fühlen sich schneller satt. Besonders geeignet dazu ist Wasser mit Kohlensäure, da die Gase die Dehnungsrezeptoren im Magen-Darm-Trakt besser anregen. Trinken Sie also möglichst jede Stunde ein Glas Wasser und fangen gleich nach dem Aufwachen damit an.

REZEPTE ZUM FRÜHSTÜCK, MITTAG- UND ABENDESSEN

Wer morgens wenig Zeit oder Appetit hat, sollte sich bereits einen Abend zuvor vorbereiten: Müslis, Joghurts, Shakes und viele weitere Rezepte benötigen wenig Aufwand und lassen sich ideal im Kühlschrank lagern, mitnehmen oder unterwegs verzehren.

Fangen Sie auch schon morgens an zu trinken. Wasser, Kräuter- oder Früchtetees eignen sich hierfür ideal. Ein bis zwei Tassen Kaffee sind als Wachmacher in Ordnung, doch sollten diese nicht süßen.

Die meisten Mittagsrezepte sind zum Mitnehmen geeignet. Viele Büros bieten eine Mikrowelle und einen Kühlschrank. Vorgekochte Mahlzeiten können so kühl gelagert und aufgewärmt werden. Suppen sind einfach und schnell zubereitet. Sie eignen sich sehr gut zum Vorkochen und können dann portionsweise eingefroren werden. Zum Mitnehmen füllt man heiße Suppen in eine Thermoskanne und kann sie warm genießen. Salat-Rezepte sind ebenfalls ideale Begleiter für die Arbeit oder unterwegs. Wenn es sich um einen grünen Salat handelt, dann einfach das Dressing und den Salat separat transportieren und kurz vor dem Servieren miteinander vermengen. So bleibt der Salat frisch. Couscous-, Kartoffel- oder Nudelsalate schmecken sogar besser, wenn man sie etwas durchziehen lässt. Wer es gerne süß zum Mittag mag, kann Joghurt, Quark und Obst mitnehmen. Das Müsli oder die Haferflocken dabei separat aufbewahren. So bleibt es knusprig und frisch.

Idealerweise sollten Sie das Abendessen mindestens zwei oder drei Stunden vor dem Schlafen gehen zu sich nehmen. So geben Sie Ihrem Körper noch ausreichend Gelegenheit zur Verdauung, schlafen besser und blockieren nicht Ihre Fettverbrennung. Aufgepasst beim Alkohol am Abend. Dieser hemmt die Fettverbrennung. Die Leber kümmert sich erst einmal um den Abbau des Alkohols und schützt uns so vor einer Alkoholvergiftung. Hinzu kommt der hohe Kaloriengehalt mit 7,1 kcal/g und der zusätzliche Appetit, der uns einholt. Aus diesem Grund sollte Alkohol in der Abnehmphase gar nicht genossen werden. Wer gerne vor dem Fernseher Salzstangen und Chips knabbert, kann diese durch Gemüsesticks mit Quarkdip ersetzen. Eine gesunde Alternative, um Kalorien zu sparen und Transfette zu meiden.

Ihr neues

FRÜHSTÜCK

Ihre **REZEPTE**

Wer jeden Morgen frühstückt, wiegt im Durchschnitt weniger. Starten Sie daher schon morgens mit genügend Vitalstoffen in den Tag oder nehmen Sie sich ein tolles Frühstück mit. Guten Appetit!

FRÜHSTÜCK | BIS 5 MINUTEN

Sandwich mit Roastbeef und Käse

Zubereitung

1. Die Tomaten in Scheiben schneiden und nach Geschmack mit Salz und Pfeffer würzen.
2. Die Brotscheiben mit der Remoulade bestreichen.
3. Die untere Brothälfte mit den Salatblättern, dem Roastbeef, Käse, ein paar Tomatenscheiben und wieder Salatblättern belegen.
4. Das Sandwich zusammen geklappt mit den restlichen Tomatenscheiben als Beilage servieren. Bei Bedarf die Tomaten mit ein paar geschnittenen Schalottenscheiben garnieren.

Zutaten

80 g Mehrkornbrot
60 g Roastbeef
2 Tomaten
30 g Gouda, 30 % Fett
20 g Remoulade, 9 % Fett
Salatblätter, nach Wahl

Gewürze & Garnitur

Salz
Pfeffer

Wer es knusprig mag, toastet das Brot vorher.

499 kcal | 51 % | 28 % | 21 % | 12 g

FRÜHSTÜCK | BIS 5 MINUTEN

Roggenbrötchen mit Schinken und Kräuterquark

Zubereitung

1. Die Gurke in Scheiben schneiden und nach Geschmack salzen.

2. Die Schalotte abziehen und in Würfel schneiden.

3. Den Quark mit den Schalottenwürfeln und dem Schnittlauch in ein Schälchen geben, nach Geschmack mit Salz und Pfeffer würzen, verrühren und auf die Brötchenhälften verteilen.

4. Das Sandwich dann mit den Salatblättern, dem Schinken und ein paar Gurkenscheiben belegen und mit den restlichen Gurkenscheiben und Quark als Beilage servieren.

Zutaten

1,5 Roggenbrötchen
70 g Hinterkochschinken
100 g Magerquark
200 g Gurke
0,5 Schalotte
1 EL Schnittlauch, gehackt
Salatblätter, nach Wahl

Gewürze

Salz
Pfeffer

Roggen ist eine tolle und lang anhaltende Energiequelle. Das Getreide lässt unseren Blutzuckerspiegel und somit die Insulinproduktion nicht so schnell an- und wieder absteigen. So bleiben wir länger satt und sind geschützt vor Erschöpfung und Müdigkeit.

498 kcal	61 %	33 %	6 %	9 g

FRÜHSTÜCK | BIS 5 MINUTEN

Körnerbaguette mit süßem Quark, Feigen und Blaubeeren

Zubereitung

1. Das Baguette in Scheiben schneiden.
2. Den Magerquark mit dem Ahornsirup und Limettensaft verrühren.
3. Die Feige in Scheiben schneiden und die Haselnüsse hacken.
4. Die Baguettescheiben mit der Quarkcreme bestreichen und mit den Feigenscheiben und den Blaubeeren belegen. Mit den gehackten Haselnüssen garniert servieren.

Zutaten

75 g Mehrkornbaguette
50 g Blaubeeren
100 g Magerquark
1 Feige
1 TL Limettensaft
15 g Haselnüsse
1 TL Ahornsirup

Haselnüsse liefern mehr Vitamin E als andere Nusssorten.
Vitamin E ist ein Antioxidans, das die Zellen vor freien Radikalen schützt und uns somit länger jung hält.

494 kcal | 57 % | 21 % | 22 % | 13 g

Bruschetta mit Paprika und Mozzarella

Zubereitung

1. Den Backofen auf 200 °C Ober-/Unterhitze vorheizen.
2. Die Paprika entkernen, waschen und in kleine Stücke schneiden.
3. Die Knoblauchzehe abziehen und klein würfeln.
4. Den Mozzarella in Scheiben schneiden.
5. Das Baguette in Scheiben schneiden, mit Öl beträufeln und den Mozzarellascheiben belegen.
6. Anschließend die Paprikastücke und Knoblauchwürfel darüber verteilen. Mit Salz und Pfeffer nach Geschmack würzen.
7. Für 8 Minuten in den Backofen geben.
8. Abschließend mit Thymian garniert servieren.

Zutaten

75 g Vollkornbaguette
0,5 Paprika, rot
0,5 Paprika, gelb
0,5 Knoblauchzehe
50 Mozzarella, 45 % Fett
1 TL Olivenöl

Gewürze

Salz
Pfeffer
Thymian

Bruschetta ist eine Vorspeise oder Zwischenmahlzeit aus...
...aus Italien. Bruschetta stammt von dem italienischen Verb „bruscare" ab, was übersetzt „rösten" bedeutet.

468 kcal | 53 % | 17 % | 30 % | 14 g

FRÜHSTÜCK | BIS 5 MINUTEN

Vollkorntoast mit Roastbeef und Tomaten

Zubereitung

1. Die Tomaten in Scheiben schneiden und nach Geschmack salzen.
2. Die Remoulade mit dem Dijon-Senf in einem Schälchen verrühren.
3. Die Toastscheiben mit der Creme bestreichen.
4. Abschließend die Toastscheiben mit den Salatblättern, dem Roastbeef und ein paar Tomatenscheiben belegen.
5. Das fertige Sandwich mit einer Olive garnieren und den restlichen Tomatenscheiben als Beilage servieren.

Zutaten

100 g Vollkorntoast
60 g Roastbeef
40 g Remoulade, 9 % Fett
2 Tomaten
1 TL Dijon-Senf
Salatblätter, nach Wahl

Gewürze & Garnitur

Olive, grün
Salz

Dijon-Senf ist ein scharfer Tafelsenf, der nach der Stadt...
...Dijon benannt ist.

424 kcal | 51 % | 24 % | 25 % | 8 g

Joghurt mit Apfel, Haferflocken und Rosinen

Zubereitung

1. Den Apfel vierteln, entkernen, entstielen und in kleine Stücke schneiden.

2. Die Rosinen mit dem Quark, Joghurt und den Haferflocken in eine Schüssel geben, nach Geschmack mit Zimt würzen und gut verrühren.

3. Die Apfelstücke unterheben, die Orangenhälfte über das Joghurt-Müsli auspressen und servieren.

Zutaten

1 Apfel
200 g Joghurt, 3,5 % Fett
50 g Magerquark
3 EL Haferflocken
0,5 Orange
1 EL Rosinen

Gewürze

Zimt

Die Deutschen essen immer weniger Äpfel. In den letzten...
...10 Jahren ist der Verbrauch von 28 auf 18 Kilo pro Jahr zurückgegangen. Dafür essen wir immer mehr exotische Obstsorten.

457 kcal	61 %	18 %	21 %	9 g

FRÜHSTÜCK | 5-10 MINUTEN

Himbeerjoghurt mit Haferflocken

Zubereitung

1. Die Himbeeren in eine Schüssel geben und ein paar Beeren für die Garnitur beiseitelegen.
2. Den Joghurt, Ahornsirup, Zimt und die Hälfte der Haferflocken dazugeben, die Orange darüber auspressen und verrühren.
3. Den Joghurt in ein Glas oder tiefen Teller füllen und mit den restlichen Haferflocken und Himbeeren garniert servieren.

Zutaten

150 g Himbeeren
300 g Joghurt, 3,5 % Fett
5 EL Haferflocken
0,5 Orange
1 TL Ahornsirup
0,5 TL Zimt

In Wasser oder fettarmer Milch gekochte Haferflocken...
...sind Balsam für einen gereizten Magen. Das liegt an der heilsamen Wirkung der Schleimstoffe, die beim Erhitzen von Haferflocken frei werden und sich wie ein Schutzfilm auf die Schleimhaut legen.

468 kcal | 54 % | 17 % | 29 % | 13 g

FRÜHSTÜCK | 5-10 MINUTEN

Joghurt mit Banane, Blaubeeren und Nektarine

Zubereitung

1. Die Banane schälen und mit dem Orangensaft im Mixer pürieren. Den Joghurt, Quark und Zimt hinzufügen, alles gut verrühren und in eine Schale füllen.

2. Die Nektarine waschen, klein schneiden und mit den Beeren unter die Creme mischen. Etwas Obst für die Garnitur an die Seite legen.

3. Den Joghurt mit dem restlichem Obst, Haferflocken und Minzblättchen garniert servieren.

Zutaten

1 Banane
100 g Blaubeeren
150 g Joghurt, 3,5 % Fett
1 Nektarine
100 g Magerquark
2 EL Orangensaft
2 EL Haferflocken
0,5 TL Zimt

Garnitur

Minzblättchen

Nektarinen wurden manchmal auch als „rasierte Pfirsiche"...
...bezeichnet, weil ihre Haut ohne Flaum und glatt ist.

447 kcal | 62 % | 22 % | 16 % | 11 g

FRÜHSTÜCK | 10-20 MINUTEN

Joghurt mit Trauben, Himbeeren und Müsli

Zubereitung

1. Die Trauben halbieren und mit dem Joghurt, Quark, Orangensaft, Leinsamen und den Rosinen in eine Schale geben und verrühren.

2. Zum Schluss die Himbeeren und Haferflocken unter die Creme heben und mit Kürbiskernen garniert servieren.

Zutaten

100 g Trauben, blau
100 g Himbeeren
150 g Joghurt, 3,5 % Fett
100 g Magerquark
3 EL Haferflocken
2 EL Orangensaft
1 EL Rosinen
1 TL Leinsamen, geschrotet
1 TL Kürbiskerne

Trauben mit weißem Belag? Ein weißlicher Belag ist ein...
...Zeichen für gute Qualität. Dieser Überzug, der auch als Duftfilm der Nebeltau bezeichnet wird, ist ein natürlicher Schutz gegen Austrocknung.

484 kcal | 56 % | 23 % | 21 % | 14 g

FRÜHSTÜCK | 10-20 MINUTEN

Chiasamenpudding mit Himbeeren und Blaubeeren

Zubereitung

1. Die Chiasamen mit dem Honig, den Saft der Orange und Magerquark in eine Schüssel geben, nach Geschmack mit Zimt würzen und die Mandelmilch hinzufügen. Das ganze gut verrühren und mindestens 15 Minuten quellen lassen.

2. Den fertigen Pudding mit den frischen Beeren belegen bzw. diese unterheben und servieren.

Zutaten

3 EL Chiasamen
50 g Blaubeeren
50 g Himbeeren
250 g Magerquark
150 ml Mandelmilch, ungesüßt
1 EL Honig
0,5 Orange

Gewürze

Zimt

Lagern Sie Himbeeren am besten im Gemüsefach Ihres...
...Kühlschranks. Alternativ kann man die Beeren auch einfrieren. So halten sie sich bis zu einem Jahr.

481 kcal | 39 % | 37 % | 24 % | 16 g

FRÜHSTÜCK | 10-20 MINUTEN

Fruchtsalat mit Apfel, Birne, Trauben und Zimt

Zubereitung

1. Den Apfel und die Birne entstielen, entkernen und in Stücke schneiden.
2. Die Weintrauben waschen und vierteln.
3. Die Orange auspressen und mit dem Agavendicksaft vermischen.
4. Alle Zutaten in eine Schale geben, mit dem Orangen-Agavendicksaft begießen, mit Zimt bestreuen und mit den Sonnenblumenkernen garniert servieren.

Zutaten

1 Apfel
1 Birne
75 g Weintrauben, blau
1,5 TL Agavendicksaft
1 Orange
1 EL Sonnenblumenkerne

Gewürze

Zimt

Wer es etwas knuspriger mag, röstet einfach die Sonnen-...
...blumenkerne ohne Öl in einer Pfanne.

436 kcal | 79 % | 6 % | 15 % | 15 g

FRÜHSTÜCK | 10-20 MINUTEN

Obstsalat mit Granatapfel, Birnen, Kiwis und Erdbeeren

Zubereitung

1. Die Kiwis schälen und in Stücke schneiden.
2. Die Birnen waschen, entstielen, entkernen und in Stücke schneiden.
3. Die Erdbeeren waschen, entstielen und in Stücke schneiden.
4. Das klein geschnittene Obst mit den Granatapfelkernen in eine Schale geben, die Orange darüber auspressen und servieren.

Zutaten

2 Birnen
1 Orange
2 Kiwis
150 g Erdbeeren
2 EL Granatapfelkerne

Besonders Schwangere dürfen zur Erdbeere greifen, denn...
...die enthaltene Folsäure ist ein wichtiger Baustein für Wachstumsprozesse und Zellteilung.

460 kcal | 90 % | 5 % | 5 % | 19 g

FRÜHSTÜCK | 10-20 MINUTEN

Obstsalat mit Beeren, Kirschen, Kiwis und Nektarinen

Zubereitung

1. Die Limette unter heißem Wasser abspülen und 1 TL Limettenabrieb erzeugen. Dann die Limette in eine Schale auspressen und mit dem Agavendicksaft und Limettenabrieb vermischen.
2. Die Erdbeeren entstielen und klein schneiden.
3. Die Nektarinen entkernen und in Stücke schneiden.
4. Die Kirschen entstielen und entkernen.
5. Die Kiwis schälen und in Scheiben schneiden.
6. Alle Zutaten in eine Schale geben, den Limettensaft darüber geben und servieren.

Zutaten

100 g Erdbeeren
100 g Süßkirschen
2 Kiwis
2 Nektarinen
100 g Blaubeeren
100 g Himbeeren
1 EL Agavendicksaft
1 Limette

Tiefgefrorene Erdbeeren enthalten fast genauso viele...
...wertvolle Inhaltsstoffe wie die frischen Früchte. Nur Dosenobst oder gekochte Erdbeeren haben durch das Erhitzen zum Beispiel bis zu 70 % weniger Vitamin C.

401 kcal | 86 % | 6 % | 8 % | 17 g

Obstsalat mit Banane, Kiwi, Mandarine und Granatapfel

Zubereitung

1. Die Limette halbieren und den Saft in eine Schale pressen.
2. Die Orange auspressen, mit dem Agavendicksaft zum Limettensaft geben und gut verrühren.
3. Die Mandarinen schälen und die Scheiben halbieren.
4. Die Banane schälen und in Scheiben schneiden.
5. Die Kiwis schälen und in dünne Scheiben schneiden.
6. Alle Zutaten in einer Schale vermengen, mit dem Orangen-Limettensaft begießen und den Granatapfelkernen garniert servieren.

Zutaten

2 Kiwi
2 Mandarinen
1 Banane
1 Orange
1 Limette
1 EL Agavendicksaft
50 g Granatapfelkerne

Die Kiwi hat ihren Ursprung in China. Von dort wurde die...
...Frucht vor etwa hundert Jahren nach Neuseeland eingeführt, wo sie den Namen des heimischen Vogels erhielt.

446 kcal | 89 % | 5 % | 6 % | 11 g

FRÜHSTÜCK | 10-20 MINUTEN

Müsli mit Banane und Kiwi

Zubereitung

1. Die Banane und Kiwi schälen und in Scheiben schneiden.

2. Das Obst zusammen mit den Haferflocken, Dinkelflocken, Sonnenblumenkernen und Rosinen in eine Schale geben, mit Milch aufgießen und servieren.

Zutaten

0,5 Banane
1 Kiwi
200 ml Milch, 3,5 % Fett
3 EL Haferflocken
1 TL Rosinen
3 EL Dinkelflocken
1 TL Sonnenblumenkerne

Sonnenblumenkerne sind echte Alleskönner. Sie sind...
...aufgrund der vielen Vitalstoffe gut für unsere Gesundheit und mit einem Eiweißanteil von 25 % auch gut für unsere Muskulatur.

470 kcal | 62 % | 15 % | 23 % | 7 g

FRÜHSTÜCK | 5-10 MINUTEN

Haferflocken mit Banane und Apfel

Zubereitung

1. Die Banane schälen und in Scheiben schneiden.
2. Den Apfel vierteln, entstielen, entkernen und in kleine Stücke schneiden.
3. Alles zusammen mit den Haferflocken und Leinsamen in eine Schüssel geben, mit der Milch auffüllen und servieren.

Zutaten

200 ml Milch, 3,5 % Fett
1 Banane
0,5 Apfel
4 EL Haferflocken
1 EL Leinsamen, geschrotet

Falls die Bananen zu schnell reifen, kann man den Stängel...
...der Bananen mit Plastik einwickeln. So wird die Streuung des Reifehormons Ethylen gehemmt.

478 kcal | 60 % | 15 % | 25 % | 12 g

FRÜHSTÜCK | 5-10 MINUTEN

Dinkelflakes mit Himbeeren und Blaubeeren

Zubereitung

1. Die Milch mit dem Joghurt und Leinsamen in einen tiefen Teller geben und gut verrühren.

2. Die Dinkelflakes und Beeren dazu geben und servieren.

Zutaten

175 ml Milch, 3,5 % Fett
75 g Himbeeren
50 g Blaubeeren
1 TL Leinsamen, geschrotet
100 g Joghurt, 3,5 % Fett
60 g Dinkelflakes

Schon gewusst? Himbeeren sind ein Geheimtipp bei Fieber.
Verantwortlich dafür ist die sogenannte „Salicylsäure". Diese gilt als fiebersenkend.

467 kcal | 58 % | 17 % | 25 % | 12 g

FRÜHSTÜCK | 10-20 MINUTEN

Vollkornflakes mit Banane, Apfel, Mandarine und Walnüssen

Zubereitung

1. Die Banane schälen und in Scheiben schneiden.
2. Den Apfel vierteln, entstielen, entkernen und in kleine Stücke schneiden.
3. Die Mandarine schälen, die Stücke heraus lösen und halbieren.
4. Die Walnüsse klein hacken.
5. Alle Zutaten in eine Schale geben, mit Milch begießen und servieren.

Zutaten

200 ml Hafermilch, ungesüßt
40 g Vollkornflakes
10 g Walnüsse
0,5 Banane
1 Mandarine
0,5 Apfel
1 EL Leinsamen, geschrotet

Nobiletin in Mandarinen? Der Powerstoff verhindert die...
...Ansammlung von Fett in der Leber und kurbelt im Körper Prozesse an, die an der Verbrennung von überschüssigem Fett beteiligt sind.

484 kcal | 66 % | 9 % | 25 % | 12 g

FRÜHSTÜCK | 5-10 MINUTEN

Milchshake mit Kirschen und Mandeln

Zubereitung

1. Die Kirschen entstielen, entkernen und mit dem Ahornsirup, dem Mandelmus und 50 ml Milch in den Mixer geben und auf höchster Stufe pürieren.
2. Den Quark und die restliche Milch hinzugeben, nach Belieben mit Zimt würzen und gut durchmixen.

Zutaten

300 ml Milch, 1,5 % Fett
50 g Magerquark
200 g Kirschen
2 TL Ahornsirup
1 EL Mandelmus

Gewürze

Zimt

Mit Kirschen besser schlafen. Sie enthalten das Schlaf-...
...hormon Melatonin und sorgen so für einen tieferen Schlaf.

434 kcal | 44 % | 26 % | 30 % | 5 g

FRÜHSTÜCK | 10-20 MINUTEN

Blutorangen-Grapefruit-Smoothie

Zubereitung

1. Die Blutorangen schälen.
2. Den Saft der Grapefruit auspressen.
3. Den Saft mit den Blutorangen, der Kokosmilch, Banane, dem Ahornsirup und den Eiswürfeln in einem Mixer pürieren.
4. Den Smoothie in ein Glas füllen und den Rosmarinzweig hineingeben, sodass der Zweig etwas Geschmack abgibt.

Zutaten

2 Blutorangen
1 Grapefruit
120 ml Kokosmilch, light
1 Banane
5 Eiswürfel
1 Rosmarinzweig
1 EL Ahornsirup

Den Rosmarinzweig nicht mitessen, denn er soll nur seinen...
...Geschmack abgeben. Wer es intensiver mag, kann ein paar Rosmarinblätter mit in den Mixer geben.

433 kcal | 77 % | 6 % | 17 % | 21 g

Sojamilchshake mit Banane, Ananas und Quark

Zubereitung

1. Die Ananas vierteln, schälen, entkernen und in grobe Stücke schneiden.
2. Die Banane schälen und in grobe Stücke schneiden.
3. Das Obst mit 50 ml Milch in den Mixer geben und auf höchster Stufe fein pürieren.
4. Anschließend die restliche Milch, den Ahornsirup und Quark hinzufügen und noch einmal kräftig durchmixen.
5. Dann nach Bedarf mit Minze garniert servieren.

Zutaten

300 ml Sojamilch
1 Banane
200 g Ananas
100 g Magerquark
1 EL Ahornsirup

Garnitur

Minzblättchen

Die Ananas hat ihren Namensursprung vermutlich von der...
...indianischen Bezeichnung „nana meant“, was so viel bedeutet wie „köstliche Frucht“.

429 kcal | 62 % | 18 % | 20 % | 7 g

FRÜHSTÜCK | BIS 5 MINUTEN

Milchshake mit Banane und Quark

Zubereitung

1. Die Bananen schälen und mit 100 ml Milch im Mixer auf höchster Stufe fein pürieren.
2. Die restlichen Zutaten hinzufügen und alles noch einmal kräftig durchmixen.
3. Den Shake mit etwas Zimt garniert servieren.

Zutaten

1,5 Bananen
300 ml Milch, 1,5 % Fett
100 g Magerquark
1 TL Ahornsirup
1 TL Cashewmus

Gewürze

Zimt

Sojamilch ähnelt in der Konsistenz der Kuhmilch und lässt...
...sich genauso vielseitig verwenden. Sie ist aber zu 100 % pflanzlich.

441 kcal | 54 % | 26 % | 20 % | 3 g

FRÜHSTÜCK | 10-20 MINUTEN

Himbeer-Smoothie Bowl mit Buchweizenflocken

Zubereitung

1. Die Banane schälen und in Stücke schneiden. Ein paar Beeren für die Garnitur beiseite legen.

2. Die Buchweizenflocken mit den Bananenstücken und der Mandelmilch in den Mixer geben und alles cremig pürieren.

3. Die Blaubeeren mit den Himbeeren, Zitronensaft und Ahornsirup hinzufügen, noch einmal durchmixen und alles für ca. 10 Minuten ziehen lassen.

4. Das Püree mit den restlichen Zutaten garniert servieren.

Zutaten

50 g Buchweizenflocken
1 Banane
100 g Blaubeeren
50 ml Mandelmilch, ungesüßt
100 g Himbeeren
1 TL Ahornsirup
1 EL Kokosflocken
1 TL Zitronensaft
1 EL Chiasamen

Gibt es einen Unterschied zwischen Heidelbeeren und...
...Blaubeeren? Nein, denn bei Heidelbeeren und Blaubeeren handelt es sich bloß um regional unterschiedliche Bezeichnungen für dieselben Beeren.

476 kcal | 70 % | 9 % | 21 % | 20 g

FRÜHSTÜCK | BIS 5 MINUTEN

Cheesecake Smoothie Bowl

Zubereitung

1. Die Banane schälen und in Scheiben schneiden. Die Hälfte der Bananenscheiben für das Topping beiseite legen.
2. Die Bananenscheiben mit den Haferflocken, dem Frischkäse, Zitronenabrieb, Cashewmus und der Milch in den Mixer geben und auf höchster Stufe fein pürieren.
3. Die Creme mit den restlichen Zutaten garniert servieren.

Zutaten

1 Banane
4 EL Haferflocken
50 g Frischkäse, 5 % Fett
25 g Blaubeeren
100 ml Milch, 1,5 % Fett
25 g Johannisbeeren
1 TL Cashewmus
0,5 TL Zitronenabrieb
1 TL Sonnenblumenkerne
1 TL Kakaonibs

Um eine Smoothie Bowl noch cremiger zu machen, können...
...Sie die Banane einen Tag vorher einfrieren.

466 kcal | 57 % | 18 % | 25 % | 9 g

Smoothie Bowl mit Beeren, Quark und Sesam

Zutaten

200 g Blaubeeren
1 Kiwi
5 EL Buchweizenflocken
100 g Magerquark
100 ml Mandelmilch, ungesüßt
1 EL Ahornsirup
1 EL Sesamsamen, schwarz

Zubereitung

1. Eine paar Blaubeeren und Buchweizenflocken für das Topping zur Seite legen und die restlichen Blaubeeren mit den Buchweizenflocken und der Milch in den Mixer geben und auf höchster Stufe pürieren.
2. Den Quark und Ahornsirup hinzufügen und noch einmal gut verrühren.
3. Die Kiwi schälen und in Stücke schneiden.
4. Das Püree in eine Schale füllen und mit den übrig gebliebenen Zutaten garniert servieren.

Geschälter Sesam ist heller und auch milder im Geschmack. Beim ungeschälten Sesam sind die Bitterstoffe in der Schale noch enthalten. Die meisten Nährstoffe und Ballaststoffe des Sesams stecken in der Schale.

482 kcal | 64 % | 19 % | 17 % | 15 g

Crêpes mit Frischkäse und Erdbeeren

Zubereitung

1. Die Erdbeeren entstielen.

2. Das Mehl mit dem Frischkäse, der Milch und dem Ei zu einem Teig verrühren und diesen ca. 1 Stunde ziehen lassen. Ist der Teig danach noch zu dickflüssig, dann kann er noch mit etwas Milch verdünnt werden.

3. Ein Schuss Öl auf ein Küchenpapier geben, eine beschichtete Pfanne damit einreiben und diese auf mittlerer Stufe erhitzen.

4. Den Teig portionsweise für 2-3 Minuten in eine kleine Pfanne geben, mit einem Pfannenheber oder Teller vorsichtig wenden und noch einmal 2-3 Minuten braten, bis der Teig etwas goldbraun ist.

5. Die fertigen Crêpes mit den Erdbeeren belegen, mit dem Zimt bestreuen, dem Ahornsirup begießen und bei Bedarf mit einem Minzblättchen garniert servieren.

Zutaten

150 g Erdbeeren
50 g Dinkelvollkornmehl
30 g Frischkäse, 5 % Fett
120 ml Milch, 1,5 % Fett
1 EL Ahornsirup
1 Ei

Gewürze

Zimt
Minzblättchen

458 kcal | 58 % | 20 % | 22 % | 7 g

FRÜHSTÜCK | BIS 5 MINUTEN

Pfannkuchen mit Apfel, Frischkäse, Banane und Honig

Zubereitung

1. Die Banane schälen und in Scheiben schneiden.
2. Den Apfel vierteln, entstielen und entkernen.
3. Die Haferflocken und Apfelstücke in den Mixer geben und auf höchster Stufe pürieren.
4. Die Milch mit dem Ei und Frischkäse hinzufügen, nach Geschmack mit Vanille und Zimt würzen und nochmal durchmixen, bis eine Teigmasse entsteht. Den Teig 15 Minuten ziehen lassen.
5. Ein Schuss Öl auf ein Küchenpapier geben und eine beschichtete Pfanne damit einreiben. Diese auf mittlerer Stufe erhitzen und den Teig portionsweise für 1-2 Minuten in eine kleine Pfanne geben. Mit einem Pfannenheber oder Teller vorsichtig wenden und noch einmal 1-2 Minuten braten.
6. Den fertigen Pfannkuchen mit den Bananenscheiben belegen, mit Honig begießen und servieren.

Zutaten

40 g Haferflocken
1 Banane, reif
0,5 Apfel
20 g Frischkäse, 5% Fett
60 ml Milch, 1,5 % Fett
1 Ei
1 TL Honig

Gewürze

Zimt
Vanille, aus der Mühle

Das deutsche Wort Honig stammt von einem alten indo-...
...germanischen Begriff ab. Der süße Saft wurde nach seiner Farbe benannt. Honig heißt so viel wie „der Goldfarbene".

481 kcal	61 %	16 %	23 %	8 g

FRÜHSTÜCK | 10-20 MINUTEN

Muffins mit Banane und Schokoraspel

Zubereitung

1. Den Backofen auf 180 °C Ober-Unterhitze vorheizen.
2. Die Banane schälen, mit dem Orangensaft in einen Mixer geben und auf höchster Stufe pürieren.
3. Die Raspelschokolade mit den Haferflocken, dem Quark, Ahornsirup, Orangenabrieb, Ei, Backpulver, der Milch und Zimt nach Geschmack hinzufügen, alles gut verrühren und den Teig 10 Minuten ziehen lassen.
4. Anschließend den Teig in Silikon-Muffinformen füllen und für ca. 20 Minuten in den Backofen geben.
5. Die gebackenen Muffins auskühlen lassen und aus den Förmchen stürzen.

Zutaten

1 Banane, reif
50 g Haferflocken, zart
60 g Magerquark
10 g Zartbitterschokoraspel
1 Ei
0,5 TL Backpulver
3 EL Orangensaft
1 TL Ahornsirup
50 ml Milch, 1,5 % Fett

Gewürze

0,5 TL Orangenabrieb
Zimt

Je reifer die Bananen sind, desto mehr natürliche Süße...
...verleihen sie den Muffins.

494 kcal | 53 % | 20 % | 28 % | 7 g

Ihr neues

MITTAGESSEN

Ihre REZEPTE

Brote, Suppen und Salate sind ideale Rezepte zum Vorbereiten und Mitnehmen. Wer es süß mag kann natürlich auch eine Frühstücksmahlzeit wie ein Joghurt, Quark, Shake oder Müsli zum Mitnehmen zubereiten.

 426 kcal 66 % 26 % 8 % 12 g

Vollkornbrötchen mit Prosciutto Schinken und Tomaten

Zubereitung

1. Die Tomaten in Scheiben schneiden und mit Salz und Pfeffer würzen.
2. Die unteren Brötchenhälfte mit Frischkäse bestreichen und mit Salat, Schinken und ein paar Tomatenscheiben belegen.
3. Das Brötchen mit den restlichen Tomatenscheiben als Beilage servieren.

Zutaten

1,5 Vollkornbrötchen
40 g Frischkäse, 5 % Fett
50 g Prosciutto Schinken
2 Tomaten
Salatblätter, nach Wahl

Gewürze

Salz
Pfeffer

Brötchen meint ein kleines Brot und gehört zu den Klein-...
...gebäcken. Nach dem Deutschen Lebensmittelbuch wiegt ein Kleingebäck höchstens 250 g.

436 kcal	59 %	37 %	4 %	4 g

MITTAGESSEN | 5-10 MINUTEN

Sesambaguette mit Thunfisch, Tomate und Gurke

Zubereitung

1. Den Thunfisch abtropfen lassen.
2. Die Baguettebrötchen halbieren und die Hälften mit dem Frischkäse bestreichen.
3. Die Tomate und Gurke in Scheiben schneiden und nach Geschmack mit Salz und Pfeffer würzen.
4. Die untere Baguettehälfte mit den Salatblättern, ein paar Tomaten- und Gurkenscheiben sowie den Zwiebelringen belegen.
5. Nach Geschmack mit Salz und Pfeffer würzen und zusammengeklappt mit den restlichen Tomaten und Gurkenscheiben servieren.

Zutaten

100 g Baguettebrötchen
120 g Thunfisch, in eigenem Saft
50 g Frischkäse, 5 % Fett
100 g Gurke
3 Zwiebelringe
1 Tomate
Salatblätter, nach Wahl

Gewürze

Salz
Pfeffer

Kälte als Aroma-Killer. Tomaten sollten am Besten immer...
...bei Zimmertemperatur aufbewahrt werden. Bitte nicht in den Kühlschrank legen, da die Kälte das Aroma der Tomaten zerstört.

452 kcal | 59 % | 28 % | 13 % | 5 g

MITTAGESSEN | BIS 5 MINUTEN

Baguette mit Hüttenkäse, Gurke und Radieschen

Zubereitung

1. Den Hüttenkäse mit Salz, Chili und Pfeffer nach Geschmack würzen.
2. Die Radieschen entstielen und in Scheiben schneiden.
3. Die Gurke ebenfalls in Scheiben schneiden.
4. Die Baguettehälften mit dem Hüttenkäse, den Radieschen- und Gurkenscheiben belegen und mit Dill garniert servieren.

Zutaten

100 g Vollkornbaguette
200 g Hüttenkäse, 2,4 % Fett
5 Radieschen
75 g Gurke
1 TL Zitronensaft

Gewürze

Salz
Pfeffer
Chilipulver
Dill

Wem es schwer fällt, besonders bei hohen Temperaturen...
...ausreichend zu trinken, nimmt mit dem Verzehr von Gurken besonders viel Flüssigkeit zu sich. Mit einem Wasseranteil von 96 % schützen sie vor einer möglichen Dehydrierung.

432 kcal | 9 % | 61 % | 30 % | 6 g

MITTAGESSEN | 20-30 MINUTEN

Schweinegeschnetzeltes in Pilz-Sahne-Soße

Zubereitung

1. Die Hälfte vom Öl in einer Pfanne erhitzen und das Fleisch 3 Minuten scharf anbraten. Dabei regelmäßig umrühren, nach Geschmack mit Salz und Pfeffer würzen. Dann herausnehmen und warm halten.

2. Die Champignons putzen und in Stücke schneiden.

3. Die Zwiebel schälen und fein würfeln.

4. Die Gewürzgurken in Scheiben schneiden.

5. Das restliche Öl in der gleichen Pfanne erhitzen und die Zwiebelwürfel mit den Champignons 5 Minuten anbraten.

6. Den Pfanneninhalt mit der Gemüsebrühe ablöschen und die Gewürzgurken mit dem Rosmarinzweig, Senf und Fleisch hinzugeben. Alles kurz aufkochen und dann noch etwas ziehen lassen.

7. Zum Schluss den Frischkäse unterrühren und den Pfanneninhalt nach Geschmack mit Salz und Pfeffer würzen und servieren.

Zutaten

225 g Schweinegeschnetzeltes
250 g Champignons
30 g Frischkäse, 17 % Fett
1 Zwiebel
2 TL Rapsöl
50 ml Gemüsebrühe
20 g Gewürzgurken
1 TL Senf
1 Rosmarinzweig

Gewürze

Salz
Pfeffer

Mittagessen	476 kcal	44 %	33 %	23 %	7 g

Rindersteak mit Bratkartoffeln und Salat

Zubereitung

1. Die Kartoffeln schälen und in Scheiben schneiden. Das Öl in eine erhitzte Pfanne geben, die Kartoffeln mit Salz und Pfeffer würzen und 20-25 Minuten braten.

2. In der Zwischenzeit die Zwiebel schälen und in Würfel schneiden, den Salat zupfen, die Tomaten halbieren und die Gurke in Scheiben schneiden.

3. Die Kartoffeln aus der Pfanne nehmen und warm halten. Das Fleisch würzen und in der selben Pfanne mit den Zwiebelwürfeln nach gewünschter Garstufe 2-3 Minuten von jeder Seite anbraten, mit dem Rosmarin bestreuen und dann noch 1 Minute ruhen lassen.

4. Den Balsamico, Honig, Senf und die Gemüsebrühe in einer Schale verrühren und die Petersilie hinzufügen.

5. Alles zusammen anrichten, das Dressing über den Salat geben und mit Petersilie garniert servieren.

Zutaten

150 g Rindersteak
200 g Kartoffeln
0,25 Zwiebel
50 g Salat, nach Wahl
10 Kirschtomaten
0,25 Gurke
1 TL Öl
1 EL Balsamico, dunkel
1 TL Honig
0,5 TL Senf
1 TL Rosmarin
1 TL Petersilie
2 EL Gemüsebrühe

Gewürze

Salz
Pfeffer

Mittagessen	498 kcal	36 %	37 %	27 %	7 g

MITTAGESSEN | 10-20 MINUTEN

Pfannkuchen mit Geflügel und Feta

Zubereitung

1. Die Milch mit dem Ei schaumig schlagen, das Mehl, Mineralwasser und Salz einstreuen, alles zu einem glatten Teig verrühren und ziehen lassen.
2. Die Putenbrust waschen, trocknen, in Würfel schneiden und mit Salz und Pfeffer würzen.
3. Die Schalotte abziehen und klein würfeln. Den Feta zerbröseln.
4. Die Pastinake grob raspeln oder in kleine Würfel schneiden. Das Öl in einer Pfanne erhitzen und die Fleischwürfel mit den Schalotten- und Pastinakenwürfeln ca. 3 Minuten scharf anbraten. Dabei regelmäßig umrühren. Anschließend mit der Gemüsebrühe ablöschen, die Kräuter unterheben und mit Salz, Pfeffer und Zitronensaft nach Belieben abschmecken.
5. Eine kleine beschichtete Pfanne mit etwas Öl einpinseln und die Pfannkuchen ca. 2-3 Minuten von jeder Seite ausbacken.
6. Den Pfanneninhalt mit dem Feta auf dem Pfannkuchen verteilen, zusammenrollen und mit Petersilie und Dill garniert servieren.

Teig

50 ml Milch, 1,5 % Fett
50 ml Mineralwasser
40 g Weizenvollkornmehl
1 Ei
0,5 TL Öl

Füllung

100 g Putenbrust
30 g Feta, 9 % Fett
30 ml Gemüsebrühe
1 EL italienischer Kräutermix
1 Pastinake
1 Schalotte

Gewürze

Salz
Pfeffer
Zitronensaft
Dill
Petersilie

459 kcal	34 %	41 %	25 %	9 g

Gebratene Nudeln mit Rindfleisch und Mangold

Zubereitung

1. Das Fleisch in Streifen schneiden.

2. In der Hälfte der Brühe die Fleischstreifen ca. 15 Minuten köcheln lassen.

3. Die Nudeln in einen Topf geben, mit der anderen Hälfte der aufgekochten Brühe aufgießen und zugedeckt ca. 3 Minuten ziehen lassen. Anschließend abgießen.

4. Unterdessen den Mangold grob zerkleinern. Die Zwiebel und Knoblauchzehe abziehen und grob würfeln. Die Möhre schälen, waschen und in grobe Stücke schneiden.

5. Das Öl in einer Wok-Pfanne erhitzen, den Ingwer mit den Zwiebel- und Knoblauchwürfeln 2 Minuten anbraten. Dann die Mangold-, Möhren- und Fleischstücke dazu geben und weitere 3 Minuten braten.

6. Anschließend die Mitte freimachen, die Hitze erhöhen und die Nudeln ca. 2 Minuten anbraten. Die Hitze reduzieren, alle Zutaten verrühren und mit Salz, Pfeffer, Zitronensaft und Chiliflocken nach Geschmack würzen.

7. Das fertige Gericht mit Petersilie garniert servieren.

Zutaten

200 ml Gemüsebrühe
250 g Mangold
175 g Rindfleisch, mager
30 g Reisnudeln
1 Möhre
0,5 Zwiebel
0,5 Knoblauchzehe
0,5 TL Ingwer, gehackt
1 TL Öl

Gewürze

Salz
Pfeffer
Chili
1 TL Zitronensaft
Petersilie, gehackt

450 kcal	59 %	18 %	23 %	14 g

MITTAGESSEN | 20-30 MINUTEN

Vollkorn-Spaghetti mit Aubergine in Käse-Soße

Zubereitung

1. Die Spaghetti nach Packungsanleitung zubereiten, abgießen und warm stellen.

2. Die Aubergine und Zucchini waschen und in Würfel schneiden.

3. Die Zwiebel und Knoblauchzehe schälen und fein würfeln.

4. Die Paprika entkernen, waschen und ebenfalls in Würfel schneiden.

5. Das Öl in einer Pfanne erhitzen und die Zwiebel- und Knoblauchwürfel mit den Auberginen- und Paprikawürfel 3 Minuten anbraten. Dabei regelmäßig umrühren und nach Geschmack mit Salz und Pfeffer würzen. Die Gemüsebrühe, Zucchiniwürfel und den Schmelzkäse hinzufügen und 5 Minuten köcheln lassen, bis das Gemüse die gewünschte Bissfestigkeit erreicht hat.

6. Die Spaghetti anrichten, das Pfannengemüse darüber geben und mit einem frischem Rosmarinzweig garniert servieren.

Zutaten

70 g Vollkornspaghetti
0,5 Zucchini
0,5 Aubergine
0,5 Paprika, rot
0,5 Zwiebel
0,5 Knoblauchzehe
40 ml Gemüsebrühe
40 g Schmelzkäse, 9 % Fett
1 TL Rapsöl

Gewürze

Salz
Pfeffer
Rosmarinzweig

426 kcal	48 %	30 %	22 %	12 g

MITTAGESSEN | 20-30 MINUTEN

Bandnudeln mit Paprika, Erbsen und Geflügel

Zubereitung

1. Die Bandnudeln (alternativ andere Vollkornnudeln) nach Packungsangaben im Salzwasser kochen und abtropfen lassen.
2. Das Hähnchenbrustfilet mit Salz und Pfeffer würzen. Die Paprika entkernen, waschen und in kleine Würfel schneiden. Die Tomate in Würfel schneiden.
3. Die Zwiebel und Knoblauchzehe schälen und ebenfalls würfeln. Die Champignons und Zucchini in Scheiben schneiden. Die Erbsen in einem Sieb abspülen und abtropfen lassen.
4. Das Öl in einer beschichteten Pfanne erhitzen und das Hähnchenbrustfilet von jeder Seite 3 Minuten braten. Dann herausnehmen, klein schneiden und warm halten.
5. Anschließend die Zwiebel- und Knoblauchwürfel 2 Minuten in der Pfanne andünsten. Das restliche Gemüse hinzufügen und noch einmal 2 Minuten schmoren. Mit der Gemüsebrühe ablöschen und zugedeckt ca. 10 Minuten weiterschmoren.
6. Zum Schluss die Sahne unterheben und alles nach Geschmack mit Salz und Pfeffer würzen.
7. Die Nudeln anrichten, das Gemüse darüber geben und mit dem Geflügel servieren.

Zutaten

75 g Hähnchenbrustfilet
50 g Bandnudeln, Vollkorn
50 ml Gemüsebrühe
50 g Erbsen, Dose
50 g Champignons
50 g Zucchini
1 Tomate
0,5 Paprika, gelb
0,5 Zwiebel
0,5 Knoblauchzehe
1 EL Sahne, 30 % Fett
1 EL Rapsöl

Gewürze

Salz
Pfeffer

421 kcal	61 %	16 %	23 %	18 g

Tagliatelle mit frischen Pfifferlingen

Zubereitung

1. Die Tagliatelle (alternativ andere Vollkornnudeln) in kochendem Salzwasser nach Packungsanleitung zubereiten.
2. Die Pfifferlinge putzen.
3. Die Zwiebel schälen und in Scheiben schneiden.
4. Das Öl in einer Pfanne erhitzen, die Pfifferlinge 5 Minuten scharf anbraten und dabei regelmäßig umrühren. Dann die Zwiebelscheiben hinzufügen und noch 2 Minuten weiterbraten. Zum Schluss den Frischkäse und die Gemüsebrühe hinzufügen und alles nach Geschmack mit Salz und Pfeffer würzen.
5. Die fertigen Tagliatelle in die Pfanne geben und den Pfanneninhalt mit Petersilie garniert servieren.

Zutaten

90 g Tagliatelle, Vollkorn
200 g Pfifferlinge
0,25 Zwiebel
1 TL Olivenöl
40 g Frischkäse, 5 % Fett
1 TL Petersilie, gehackt
50 ml Gemüsebrühe

Gewürze

Salz
Pfeffer

Pfifferlinge werden aufgrund ihrer goldgelben Farbe auch...
...Eierschwammerl genannt. Sie gehören zu den beliebtesten Speisepilzen in Deutschland.

Mittagessen	421 kcal	65 %	18 %	17 %	14 g

MITTAGESSEN | 20-30 MINUTEN

Vollkornnudelsalat mit Tomaten, Brokkoli und Kapern

Zubereitung

1. Die Spaghetti nach Anleitung kochen. Anschließend abgießen und kalt abspülen.

2. Den Knoblauch abziehen und fein würfeln.

3. Die Röschen vom Brokkoli trennen, klein schneiden und waschen.

4. Das Öl in einer Pfanne erhitzen und die Brokkoliröschen mit den Knoblauchwürfeln 3 Minuten anbraten und dabei regelmäßig umrühren. Anschließend die Gemüsebrühe, Tomaten, das Tomatenmark und den Balsamico hinzufügen, nach Geschmack mit Salz und Pfeffer würzen und weitere 5 Minuten köcheln lassen.

5. Den gesamten Pfanneninhalt und die Kapern über die Nudeln geben, ca. 1-2 Stunden durchziehen lassen und den Salat mit den Basilikumblättern garniert servieren.

Zutaten

80 g Vollkornspaghetti
200 g Brokkoli
8 Kirschtomaten
1 TL Kapern
1 TL Tomatenmark
2 EL Gemüsebrühe
1 EL Balsamico, hell
0,5 Knoblauchzehe
1 TL Olivenöl

Gewürze

Salz
Pfeffer
Basilikum

440 kcal | 30 % | 42 % | 28 % | 8 g

Thunfischsalat mit Ei, Bohnen, Kartoffeln und Paprika

Zubereitung

1. Die Kirschtomaten halbieren. Die Paprika entstielen, entkernen, waschen und in mundgerechte Stücke schneiden.
2. Das hartgekochte Ei pellen und vierteln.
3. Die Zwiebel abziehen, halbieren und in Ringe schneiden.
4. Die grünen Bohnen in ein Sieb geben, mit Wasser abwaschen, abtropfen lassen und in mundgerechte Stücke schneiden.
5. Den Thunfisch in ein Sieb geben und ebenfalls abtropfen lassen.
6. Die Pellkartoffeln schälen, in mundgerechte Stücke schneiden und mit den anderen Zutaten zusammen anrichten.
7. Den Zitronensaft mit dem Orangensaft, Honig, Senf, Öl, der Gemüsebrühe und Petersilie in eine Schale geben, nach Geschmack mit Salz und Pfeffer würzen und gut vermengen.
8. Das Dressing über den Salat geben und servieren.

Zutaten

150 g Thunfisch, im eigenen Saft
10 Kirschtomaten
1 Ei, hartgekocht
0,25 Zwiebel
100 g Pellkartoffeln
0,5 Paprika, rot
30 g grüne Bohnen, Dose
1 EL Orangensaft
0,5 TL Honig
1 TL Öl
1 EL Zitronensaft
25 ml Gemüsebrühe
1 TL Senf
1 TL Petersilie, gehackt

Gewürze

Salz
Pfeffer

410 kcal	61 %	11 %	28 %	11 g

MITTAGESSEN | 20-30 MINUTEN

Salat Tabouleh

Zubereitung

1. Den Bulgur mit der kochenden Gemüsebrühe übergießen und 20 Minuten ziehen lassen.
2. In der Zwischenzeit die Tomaten und Gurke in Würfel schneiden.
3. Die Chili längs halbieren, entkernen und in Ringe schneiden.
4. Die Frühlingszwiebel putzen und ebenfalls in dünne Ringe schneiden.
5. Für das Dressing den Limettensaft mit dem Olivenöl, der Petersilie und Minze in ein Schälchen geben, nach Geschmack mit Salz und Pfeffer würzen und verrühren.
6. Die eventuell überschüssige Gemüsebrühe vom Bulgur abgießen und alles zusammen anrichten.
7. Das Dressing über den Salat gießen, gut vermengen und servieren.

Zutaten

60 g Bulgur
120 ml Gemüsebrühe
3 Tomaten
0,5 Gurke
1 Frühlingszwiebel
0,5 Chilischote, mild
2 TL Limettensaft
1 EL Olivenöl
2 EL Petersilie, gehackt
1 EL Minze, gehackt

Gewürze

Salz
Pfeffer

Tabouleh ist ein sehr beliebtes libanesisches Gericht.
Im deutschen Sprachraum wird er auch als Bulgursalat bezeichnet.

459 kcal	51 %	19 %	30 %	13 g

MITTAGESSEN | 20-30 MINUTEN

Bunter Salat mit Couscous und indischem Dressing

Zubereitung

1. Couscous nach Packungsanleitung zubereiten.
2. Den Romanesco in kleine Röschen teilen, 4 Minuten in kochendem Salzwasser blanchieren und dann kalt abschrecken.
3. Die Avocado halbieren, entkernen, das Fruchtfleisch ausheben und in kleine Stücke schneiden. Die Trauben halbieren und das Brot fein würfeln.
4. Eine Pfanne mit Öl auspinseln, erhitzen und den gepressten Knoblauch mit den Brotwürfeln ca. 3 Minuten anbraten. Nach Geschmack mit Salz und Pfeffer würzen.
5. Nun den Joghurt mit dem Limettensaft, Koriander, Kümmel und Olivenöl für die Soße vermengen und nach Geschmack mit Salz und Pfeffer würzen.
6. Den Rucola waschen und trocknen.
7. Zum Schluss alles zusammen mit dem Dressing in eine Schüssel geben und mit den Granatapfel-und Kürbiskernen garniert servieren.

Zutaten

120 g Romanesco
50 g Couscous
50 g Weintrauben, rot
25 g Rucola
1 TL Kürbiskerne
20 g Avocado
30 g Vollkornbrot
1 Knoblauchzehe
50 g Joghurt, 1,5 % Fett
2 EL Granatapfelkerne
1 EL Limettensaft
0,5 TL Kümmel
1 TL Olivenöl
0,5 TL Koriander

Gewürze

Salz
Pfeffer

480 kcal	38 %	38 %	24 %	9 g

MITTAGESSEN | 30-40 MINUTEN

Rindfleischsuppe mit Perlgraupen und Möhren

Zubereitung

1. Die Perlgraupen mit der Brühe und Kräutermischung in einen Topf geben und kurz aufkochen. Den Topf abdecken und ca. 10 Minuten bei mittlerer Temperatur köcheln lassen.

2. Das Fleisch mit einem Messer sorgfältig vom Fett befreien und in dünne Streifen schneiden.

3. Den Lauch, Sellerie und die Möhren abwaschen. Die Möhren in Würfel schneiden, den Lauch in Ringe und den Sellerie in Scheiben schneiden.

4. Die Zwiebel abziehen und in Würfel schneiden.

5. Alles zusammen mit dem Fleisch zur Suppe geben und nach Geschmack mit Salz und Pfeffer würzen. Kurz aufkochen und abgedeckt 20 Minuten garen, bis das Fleisch und Gemüse zart sind.

6. Die Suppe anrichten und mit der Petersilie garniert servieren.

Zutaten

150 g Rindfleisch, mager
500 ml Rinderbrühe
40 g Perlgraupen
0,5 Stangensellerie
3 Möhren
0,5 Lauchstange
0,25 Zwiebel
1 EL Kräutermischung, TK
0,5 EL Petersilie, gehackt

Gewürze

Salz
Pfeffer

Durch den hohen Anteil an Antioxidantien und dem relativ...
...hohen Vitamin C-Gehalt stärken Zwiebeln das Immunsystem.

 464 kcal 38 % 29 % 29 % 15 g

Hähnchen-Curry mit Blumenkohl und Kichererbsen

Zubereitung

1. Das Hähnchenbrustfilet in mundgerechte Stücke schneiden und nach Geschmack mit Salz und Pfeffer würzen.
2. Die Kichererbsen in einem Sieb abspülen und abtropfen lassen.
3. Die Röschen vom Blumenkohl trennen, waschen und klein schneiden. Den Knoblauch und die Zwiebel abziehen und fein würfeln.
4. Die Möhre waschen, schälen und mit der Tomate in mundgerechte Stücke schneiden.
5. Die Hälfte des Öl mit der Currypaste in einer Pfanne erhitzen, die Hähnchenstücke 4 Minuten anbraten und dabei regelmäßig umrühren.
6. Das restliche Öl in einem Topf erhitzen und die Zwiebel- und Knoblauchwürfel mit den Möhrenstücken und Blumenkohlröschen 4 Minuten anbraten.
7. Die Gemüsebrühe, Linsen, Kichererbsen und Tomatenstücke hinzufügen, kurz aufkochen und nach Geschmack mit Salz, Pfeffer, Masala und Kurkuma würzen.
8. Zum Schluss die Hähnchenstücke hinzufügen und die fertige Suppe servieren.

Zutaten

120 g Hähnchenbrust
120 g Kichererbsen, Dose
1 Möhre
1 Tomate
150 ml Gemüsebrühe
100 g Blumenkohl
0,5 Zwiebel
0,5 Knoblauchzehe
2 TL Rapsöl
1 TL Currypaste, rot
1 EL Tomatenmark
0,5 TL Honig

Gewürze

Salz
Pfeffer
Masala
Kurkuma

468 kcal	41 %	41 %	18 %	12 g

MITTAGESSEN | 20-30 MINUTEN

Hähnchen-Nudel-Suppe

Zubereitung

1. Das Hähnchenbrustfilet in kleine Würfel schneiden.
2. Die Zwiebel abziehen und würfeln.
3. Die Röschen vom Blumenkohl trennen und waschen.
4. Die Möhren schälen und in Scheiben schneiden.
5. Das Öl in einem Topf erhitzen und die Hähnchen- und Zwiebelwürfel 2 Minuten anbraten. Das zubereitete Gemüse dazu geben und weitere 2 Minuten braten. Dann mit der Gemüsebrühe ablöschen und bei geschlossenem Deckel ca. 8 Minuten köcheln lassen.
6. Zum Schluss die Nudeln und Kräuter hinzufügen und noch einmal ca. 8 Minuten köcheln lassen. Dann nach Geschmack mit Salz und Pfeffer würzen und servieren.

Zutaten

500 ml Gemüsebrühe
150 g Hähnchenbrustfilet
100 g Möhren
100 g Blumenkohl
50 g Vollkornnudeln
0,5 Zwiebel
1 TL Rapsöl
1 TL Kräuter, italienisch

Gewürze

Salz
Pfeffer

436 kcal	60 %	11 %	29 %	17 g

MITTAGESSEN | 20-30 MINUTEN

Kürbissuppe mit Kartoffeln

Zubereitung

1. Den Kürbis, die Kartoffeln und Möhren schälen und in ca. 1 cm große Würfel schneiden.

2. Die Schalotte abziehen und klein würfeln.

3. Das Öl in einem beschichteten Topf erhitzen und die Zwiebelwürfel mit dem Gemüse und dem Ingwer 3 Minuten anbraten. Dann mit der Gemüsebrühe ablöschen, 10 Minuten köcheln lassen und nach Geschmack mit Salz und Pfeffer würzen.

4. Die Suppe fein pürieren, den Parmesan und Schnittlauch hinzufügen und die saure Sahne unterrühren.

5. Die Suppe mit Basilikum garniert servieren.

Zutaten

250 g Kürbis
200 g Möhren
200 g Kartoffeln
1 Schalotte
500 ml Gemüsebrühe
2 EL saure Sahne
1 TL Parmesan, gerieben
1 TL Olivenöl
0,5 Ingwer, gehackt
1 TL Schnittlauch, geschnitten
1 Basilikumblättchen

Gewürze

Salz
Pfeffer

Insbesondere Frauen leiden häufig unter einem Eisenmangel.
Kürbis ist ein guter pflanzlicher Eisenlieferant und stärkt das Immunsystem.

Mittagessen	473 kcal	66 %	22 %	22 %	21 g

MITTAGESSEN | 20-30 MINUTEN

Gemüsesuppe mit Paprika, Kichererbsen und Quinoa

Zubereitung

1. Die Kichererbsen in einem Sieb abspülen und abtropfen lassen.
2. Die Zwiebel und Knoblauchzehe abziehen und klein würfeln.
3. Den Stangensellerie in Scheiben schneiden.
4. Die Paprika entkernen, waschen und in Streifen schneiden.
5. Das Öl in einem Topf erhitzen und die Zwiebel- und Knoblauchwürfel 2 Minuten andünsten. Dann die Paprika- und Selleriestücke hinzufügen, die Gemüsebrühe auffüllen und alles ca. 5 Minuten köcheln lassen.
6. Die Kichererbsen, den Zitronensaft und Quinoa dazu geben und weitere 10 Minuten köcheln.
7. Die Suppe mit Salz, Pfeffer, Paprikapulver, und Cumin nach Belieben abschmecken und mit Petersilie garniert servieren.

Zutaten

500 ml Gemüsebrühe
175 g Kichererbsen, Dose
35 g Quinoa gepufft , ungesüßt
100 g Stangensellerie
0,5 Zwiebel
0,5 Knoblauchzehe
1 Paprika, rot
1 EL Zitronensaft
1 TL Öl
1 EL Petersilie, gehackt

Gewürze

Salz
Pfeffer
Paprikapulver, edelsüß
Cumin

493 kcal	46 %	31 %	23 %	24 g

MITTAGESSEN | 30-40 MINUTEN

Gerösteter Rosenkohl mit Äpfeln und Bohnen-Chia-Sesam-Dip

Zubereitung

1. Den Backofen auf 200 °C Ober-/Unterhitze vorheizen.
2. Den Rosenkohl waschen, halbieren und auf ein mit Backpapier ausgelegtes Backblech legen.
3. Den Apfel waschen, in dünne Spalten schneiden und auf dem Backblech verteilen. Alles mit dem Rapsöl und der Gemüsebrühe begießen und nach Geschmack mit Salz, Pfeffer, Rosmarin und Muskatnuss würzen. Für 25 Minuten in den Backofen geben, bis der Rosenkohl schön weich ist.
4. Die Zwiebel abziehen und in feine Würfel schneiden.
5. In der Zwischenzeit für den Dip den Joghurt mit dem Quark und die abgegossenen Bohnen in ein hohes Gefäß geben. Die Soja- und Chilisoße mit dem Zitronensaft hinzufügen, alles mit einem Handmixer cremig pürieren und zum Schluss die Chiasamen, Zwiebelwürfel und Sesamkörner unterrühren.
6. Das Gemüse mit dem Dip anrichten und servieren.

Zutaten

300 g Rosenkohl
1 Apfel
1 TL Rapsöl
100 g Magerquark
80 g Joghurt, 1,5 % Fett
60 g weiße Bohnen, Dose
50 ml Gemüsebrühe
2 TL Zitronensaft
2 TL Sojasoße
1 TL Sesamkörner
1 TL Chiasamen
0,25 Zwiebel, rot
1 TL Chilisoße, süß-sauer

Gewürze

Salz
Pfeffer
Rosmarin
Muskatnuss

 454 kcal 60 % 11 % 29 % 8 g

Hirsebrei mit Gemüse

Zubereitung

1. Die Hirse mit der Gemüsebrühe in einen Topf geben, kurz aufkochen und dann zugedeckt 20 Minuten köcheln lassen, bis die Flüssigkeit verkocht ist. Dabei regelmäßig umrühren.
2. Die Zucchini längs vierteln und dann in Stücke schneiden.
3. Die Frühlingszwiebel putzen und in Ringe schneiden.
4. Die Kirschtomaten halbieren.
5. Die Paprika entkernen, waschen und in Stücke schneiden.
6. Das Öl in einer beschichteten Pfanne erhitzen und die Paprika- und Zucchinistücke mit den Zwiebelringen 6 Minuten anbraten und dabei regelmäßig umrühren. Nach 3 Minuten die Tomaten hinzufügen.
7. Den Hirsebrei mit Basilikum, Petersilie, Salz und Pfeffer würzen und mit dem Pfannengemüse servieren.

Zutaten

150 g Zucchini
75 g Hirse
225 ml Gemüsebrühe
5 Kirschtomaten
0,5 Paprika, rot
1 Frühlingszwiebel
1 EL Öl
1 TL Basilikum, gehackt
1 TL Petersilie, gehackt

Gewürze

Salz
Pfeffer

 431 kcal 34 % 38 % 28 % 11 g

MITTAGESSEN | 5-10 MINUTEN

Joghurtdip mit Kräutern und Gemüsesticks

Zubereitung

1. Den Joghurt zusammen mit dem Quark, Öl, Limettensaft, den Kräutern und der ausgepressten Knoblauchzehe in eine Schale geben und cremig rühren.
2. Nach Geschmack mit Salz und Pfeffer würzen und mit etwas Petersilie garnieren.
3. Die Gurke längs vierteln und entkernen.
4. Die Paprika entkernen und waschen.
5. Die Möhren schälen.
6. Das gesamte Gemüse in Sticks schneiden und zum Dip reichen.

Zutaten

3 EL Joghurt, 1,5 % Fett
250 g Magerquark
1 Paprika, rot
0,5 Salatgurke
2 Möhren
1 Knoblauchzehe
1 EL Olivenöl
1 TL Dill, gehackt
1,5 EL Petersilie, gehackt
1 TL Limettensaft

Gewürze

Salz
Pfeffer

Dill wird in aller erster Linie zum Würzen von Speisen und...
...besonders zum Würzen von Gurken verwendet. Deswegen wird die Gewürzpflanze häufig auch als Gurkenkraut bezeichnet.

 455 kcal 58 % 24 % 18 % 17 g

Kürbis gefüllt mit Feta, Grünkohl und Cranberries

Zubereitung

1. Den Backofen auf 180 °C Ober-/Unterhitze vorheizen.

2. Den Butternut-Kürbis halbieren, entkernen und aushöhlen. Dabei ca. 1 cm Rand lassen. Das Fruchtfleisch klein hacken. Die Kürbishälfte leicht salzen und für 15 Minuten in einer Auflaufform in den Backofen schieben. Den Grünkohl klein hacken. Die Schalotte und den Knoblauch abziehen und würfeln.

3. Den Feta mit einer Gabel zerdrücken.

4. Die Brühe mit dem Orangensaft in einer Pfanne erhitzen und den Grünkohl mit den Schalotten und Knoblauchwürfeln ca. 3 Minuten andünsten. Die Cranberries und das Kürbisfruchtfleisch hinzufügen und alles mit Salz, Pfeffer, Muskat und Cayennepfeffer nach Belieben abschmecken. Dann weitere 3 Minuten bei niedriger Temperatur köcheln lassen.

5. Den Pfanneninhalt in die vorgegarten Kürbishälften füllen, mit dem Feta bestreuen und ca. 10 Minuten im Ofen überbacken und dann servieren.

Zutaten

0,5 Butternut Kürbis
200 g Grünkohl
70 g Feta, 9 % Fett
75 ml Gemüsebrühe
75 ml Orangensaft
40 g Cranberries, getrocknet
1 Schalotte
0,5 Knoblauchzehe

Gewürze

Salz & Pfeffer
Muskatnuss
Cayennepfeffer
Orangenscheiben

419 kcal | 70 % | 10 % | 20 % | 8 g

MITTAGESSEN | 20-30 MINUTEN

Reispfanne mit Paprika, Aubergine und Zucchini

Zubereitung

1. Den Reis nach Packungsanweisung zubereiten und abtropfen lassen.
2. Die Paprika entstielen, entkernen und in Ringe schneiden.
3. Die Zucchini und Aubergine putzen, waschen und in Scheiben schneiden.
4. Die Zwiebel schälen und in Ringe schneiden.
5. Die Pinienkerne in einer Pfanne ohne Öl anrösten.
6. Das Öl in einer Pfanne erhitzen und die Paprika- und Zwiebelringe ca. 5 Minuten glasig dünsten. Das Tomatenmark, die Gemüsebrühe und den Balsamico dazugeben, kurz aufkochen und nach Geschmack mit Salz, Pfeffer und den italienischen Kräutern würzen.
7. Das restliche Gemüse hinzufügen und ca. 4-5 Minuten garen lassen, bis die gewünschte Bissfestigkeit erreicht ist.
8. Abschließend den gekochten Reis unter das Gemüse heben, nochmals kurz erwärmen und die Reispfanne mit Petersilie und Dill garniert servieren.

Zutaten

75 g Vollkornreis
0,25 Aubergine
0,5 Zucchini
0,5 Paprika, rot
0,5 Zwiebel
1 TL Öl
50 ml Gemüsebrühe
1 TL Tomatenmark
1 TL Pinienkerne
1 TL Balsamico, hell

Gewürze

Salz
Pfeffer
italienische Kräuter
Petersilie
Dill

 470 kcal 65 % 11 % 24 % 8 g

MITTAGESSEN | 30-40 MINUTEN

Wildreis mit Zucchini, Paprika und Champignons

Zubereitung

1. Die Wildreismischung in kochendem Salzwasser nach Packungsanleitung zubereiten.
2. Die Zwiebel schälen und in Würfel schneiden.
3. Die Paprika entkernen, waschen und in mundgerechte Stücke schneiden.
4. Die Zucchini in 3 mm dünne Scheiben schneiden.
5. Die Champignons putzen und vierteln.
6. Das Öl in einer Pfanne erhitzen und die Zwiebelwürfel darin 2 Minuten glasig dünsten. Die Paprikastücke mit den Zucchinischeiben und Champignons dazugeben, alles 5 Minuten anbraten und regelmäßig umrühren. Dann mit der Gemüsebrühe und dem Balsamico ablöschen.
7. Den fertigen Reis hinzufügen, mit Salz, Pfeffer und Basilikum nach Belieben würzen und servieren.

Zutaten

75 g Wildreismischung
50 g Zucchini
0,5 Paprika, gelb
0,5 Paprika, rot
0,5 Gemüsezwiebel
50 g Champignons
50 ml Gemüsebrühe
1 EL Olivenöl
1 TL Balsamico

Gewürze

Salz
Pfeffer
Basilikum, gehackt

 488 kcal 63 % 13 % 24 % 14 g

MITTAGESSEN | 20-30 MINUTEN

Gemüse aus dem Ofen mit Senf-Kräuter-Dip

Zubereitung

1. Den Backofen auf 180 °C Ober- und Unterhitze vorheizen. Ein Backblech mit Backpapier auslegen und mit ein paar Tropfen Öl einpinseln.

2. Die geschälte Süßkartoffel in kleine Spalten, die Zucchini in ca. 0,5 cm dicke Scheiben und die Möhren in lange Streifen schneiden.

3. Die Zwiebel schälen, vierteln und mit dem Gemüse auf dem Blech verteilen. Das Gemüse mit Thymian bestreuen und nach Geschmack mit Salz und Pfeffer würzen.

4. Das Gemüse im Backofen ca. 20 Minuten backen, bis alles gegart ist.

5. In der Zwischenzeit die Avocado halbieren, entkernen, das Fruchtfleisch ausheben, in Streifen schneiden und auf einen Teller geben.

6. Für den Dip den Joghurt mit dem Zitronensaft, Hüttenkäse, Honig und Senf vermischen. Die Petersilie hinzufügen und alles mit Salz und Pfeffer abschmecken.

7. Das fertige Gemüse mit dem Dip anrichten und das Gemüse mit Sesam garniert servieren.

Zutaten

200 g Süßkartoffel
30 g Avocado
0,5 Zucchini
2 Möhren
1 Zwiebel
1 TL Zitronensaft
2 EL Joghurt, 3,5 % Fett
2 EL Hüttenkäse, fettarm
0,5 TL Dijon-Senf
0,5 TL Honig
1 TL Petersilie, gehackt
0,5 TL Thymian
0,5 TL Sesam, schwarz

Gewürze

Salz
Pfeffer

458 kcal | 60 % | 20 % | 20 % | 8 g

MITTAGESSEN | 20-30 MINUTEN

Süßkartoffeln mit Dip nach Obazda-Art

Zubereitung

1. Die Süßkartoffeln halbieren und je nach Größe und Dicke ca. 20-25 Minuten in gesalzenem Wasser kochen, bis sie weich sind.

2. In der Zwischenzeit die Zwiebel schälen und die Hälfte davon in feine Würfel schneiden. Die andere Hälfte in Ringe schneiden.

3. Den Camembert mit einer Gabel zerdrücken und mit dem Frischkäse und dem Joghurt vermengen. Die gewürfelten Zwiebeln und die Petersilie unterheben. Mit Salz, Pfeffer, Kümmel und Paprika nach Belieben kräftig abschmecken.

4. Eine beschichtete Pfanne mit Öl einpinseln und auf mittlerer Stufe erwärmen. Die Süßkartoffelhälften auf den Schnittflächen 1 Minute anbraten. Dann mit etwas Salz und Pfeffer würzen.

5. Den Dip auf die Süßkartoffeln geben, darauf die Zwiebelringe legen und die Kartoffeln mit Paprikapulver garniert servieren.

Zutaten

230 g Süßkartoffeln
40 g Camembert, light
50 g Frischkäse, 5 % Fett
100 g Joghurt, 1,5 % Fett
0,5 Zwiebel, rot
2 EL gehackte Petersilie

Gewürze

Salz
Pfeffer
Kümmel
Paprikapulver, edelsüß

Das Fleisch von Kürbissen enthält jede Menge Nährstoffe.
Besonders interessant ist die Kieselsäure, sie sorgt für schöne Haut und Nägel.

	424 kcal	72 %	15 %	13 %	10 g

MITTAGESSEN | 20-30 MINUTEN

Quinoa mit Kürbis

Zubereitung

1. Den Kürbis waschen, entkernen und in Würfel schneiden.

2. Die Schalotte und den Knoblauch abziehen und fein würfeln.

3. Den Quinoa zusammen mit der Gemüsebrühe, dem Orangen- und Zitronensaft sowie den Kürbis-, Schalotten- und Knoblauchwürfeln kurz aufkochen und dann bei geschlossenem Deckel ca. 20 Minuten köcheln lassen. Das Currypulver hinzufügen und nach Geschmack mit Salz und Pfeffer würzen.

4. Das fertige Kürbisquinoa mit Kresse garniert servieren.

Zutaten

80 g Quinoa
250 ml Gemüsebrühe
300 g Hokkaido-Kürbis
1 TL Currypulver
50 ml Orangensaft
1 EL Zitronensaft
1 Schalotte
0,5 Knoblauchzehe

Gewürze

Salz
Pfeffer
Gartenkresse

Ihr neues
ABENDESSEN

Ihre **REZEPTE**

Idealerweise nehmen Sie die Abendmahlzeit 2-3 Stunden vor dem Schlafen gehen ein. Überfällt Sie dennoch spät am Abend noch der Appetit, dann probieren Sie doch einmal Gemüsesticks mit herzhaftem Quark.

ABENDESSEN | 20-30 MINUTEN

Seebarsch-Curry mit Reis, Blattspinat und Paprika

Zubereitung

1. Den Reis nach Anleitung zubereiten. Den Fisch in Stücke schneiden und mit Zitronensaft, Salz und Pfeffer würzen.

2. Die Zwiebel und Knoblauchzehe abziehen und klein würfeln. Vom Spinat die schlechten Blätter aussortieren. Die Paprika entkernen, waschen und in dünne Streifen schneiden.

3. Das Öl in einer Pfanne erhitzen und die Fischstücke von allen Seiten ca. 3 Minuten anbraten. Dann den Fisch herausnehmen und warm stellen.

4. In die gleiche Pfanne die Zwiebel- und Knoblauchwürfel geben und ca. 3 Minuten andünsten. Anschließend die Paprikastreifen, den Spinat, Ingwer die passierten Tomaten und Gemüsebrühe hinzufügen.

5. Nach Geschmack mit Curry, Salz und Pfeffer würzen und weitere 3-5 Minuten köcheln lassen. Zum Schluss die abgeriebene Zitronenschale nach Geschmack und die Fischstücke unterheben.

6. Das Fisch-Curry mit dem Reis anrichten und servieren.

Zutaten

200 g Seebarschfilet
50 g Vollkornreis
100 g Blattspinat
100 g passierte Tomaten
0,5 Paprika, rot
0,5 Paprika, gelb
0,5 Zwiebel
0,5 Knoblauchzehe
1 TL Curry
1 TL Zitronensaft
1 TL Rapsöl
0,5 TL Ingwer, gehackt

Gewürze

Salz
Pfeffer
Bio-Zitronenabrieb

498 kcal | 47 % | 38 % | 15 % | 11 g

ABENDESSEN | 20-30 MINUTEN

Seehechtfilet mit Basilikum in Tomaten-Sahne-Soße

Zubereitung

1. Den Fisch mit der Hälfte des Zitronensaftes, Salz und Pfeffer würzen. Vom Spargel die holzigen Enden abschneiden und im Salzwasser ca. 7 Minuten kochen. Anschließend in einem Sieb abtropfen lassen und warm stellen.

2. Die Zwiebel abziehen und klein würfeln. Die Basilikumblätter in dünne Streifen schneiden und einige Blätter zum Garnieren zurücklegen.

3. Das Öl in einer Pfanne erhitzen, den Seehecht ca. 3 Minuten von jede Seite anbraten, herausnehmen und ebenfalls warm stellen. Anschließend die Zwiebelwürfel in dieselbe Pfanne geben, ca. 2 Minuten andünsten und mit der Brühe ablöschen. Das Tomatenmark und die saure Sahne hinzufügen und ca. 3 Minuten köcheln lassen. Zum Schluss alles kräftig pürieren und mit Salz, Pfeffer und Honig würzen.

4. Die Schlagsahne mit einem Schneebesen leicht aufschäumen und den restlichen Zitronensaft hinzufügen.

5. Auf einem Teller die Tomatensoße geben und mit der geschäumten Sahne, von der Mitte aus auffüllen. Den Spargel mit dem Fisch auf der Soße anrichten und mit Basilikum garniert servieren.

Zutaten

250 g Seehecht-Filet
300 g Spargel, grün
50 ml Gemüsebrühe
75 g saure Sahne, 10 % Fett
3 EL Schlagsahne, 30 % Fett
2 TL Zitronensaft
2 TL Tomatenmark
1 TL Öl
0,5 Zwiebel
0,5 TL Honig

Gewürze

Salz
Pfeffer
6 Basilikumblätter

418 kcal | 20 % | 50 % | 30 % | 5 g

ABENDESSEN | 20-30 MINUTEN

Alaska Seelachs mit Kirschtomaten

Zubereitung

1. Den Backofen auf 200 °C Ober-/Unterhitze vorheizen.
2. Eine Auflaufform mit dem Öl einpinseln.
3. Den Alaska Seelachs nach Geschmack mit Salz und Pfeffer würzen und in die Auflaufform legen.
4. Die Zwiebel schälen und in Würfel schneiden.
5. Den Knoblauch abziehen und klein schneiden.
6. Den Knoblauch, die Kirschtomaten, Gemüsebrühe und Zwiebelwürfel zum Alaska Seelachs geben. Den Fisch mit dem Zitronensaft, beträufeln und den Parmesan und die Kräuter der Provence darüber verteilen.
7. Die Auflaufform für ca. 20 Minuten in den Backofen geben und das Gericht anschließend servieren.

Zutaten

300 g Alaska Seelachs
15 Kirschtomaten
30 g Parmesan, gerieben
1 Knoblauchzehe
50 ml Gemüsebrühe
0,5 Zwiebel
1 EL Zitronensaft
1 TL Öl
1 TL Kräuter der Provence

Gewürze

Salz
Pfeffer

470 kcal	11 %	59 %	30 %	3 g

ABENDESSEN | 10-20 MINUTEN

Garnelenpfanne mit Gemüse

Zubereitung

1. Die Paprika entkernen waschen und in Würfel schneiden. Die Tomaten ebenfalls in Würfel schneiden.

2. Die Zwiebel und den Knoblauch abziehen und in kleine Würfel schneiden.

3. Das Öl in eine Pfanne geben, die Garnelen mit den Zwiebel- und Knoblauchwürfeln 2 Minuten scharf anbraten, dann heraus nehmen und warm stellen.

4. Die Paprika- und Tomatenwürfel mit dem Zitronensaft in die Pfanne geben, alles 8-10 Minuten köcheln lassen und nach Geschmack mit Salz und Pfeffer würzen. Dann die Garnelen hinzufügen und noch etwas ziehen lassen.

5. Alles zusammen anrichten und mit Petersilie garniert servieren.

Zutaten

250 g Garnelen, küchenfertig
1 Paprika, rot
1 Paprika, grün
3 Tomaten
0,25 Zwiebel
1 TL Rapsöl
1 TL Zitronensaft
0,5 Knoblauchzehe
1 TL Petersilie, gehackt

Gewürze

Salz
Pfeffer

Garnelen liefern wertvolles Jod. Dieses Spurenelement ist...
...unverzichtbar für eine gute Funktion der Schilddrüse.

429 kcal	28 %	50 %	22 %	15 g

ABENDESSEN | 10-20 MINUTEN

Thunfischsalat mit Tomaten und Möhre

Zubereitung

1. Den Salat waschen, trocknen und in mundgerechte Stücke zupfen. Die Tomaten in Scheiben schneiden. Die Möhre schälen und fein hobeln.
2. Die Zwiebel abziehen und in Ringe schneiden.
3. Den Thunfisch gründlich abtropfen lassen und zusammen mit dem Gemüse anrichten.
4. Für das Dressing den Balsamico mit dem Öl, Senf, Honig, der Gemüsebrühe und Kräutermischung in ein Schälchen geben, nach Geschmack mit Salz und Pfeffer würzen und gut verrühren.
5. Das Dressing über den Salat gießen und servieren.

Zutaten

250 g Thunfisch, im Saft
60 g Salat, nach Wahl
2 Tomaten
1 Möhre
0,25 Zwiebel

Dressing

20 ml Gemüsebrühe
1 EL Balsamico, hell
1 EL Öl
1 TL Senf
1 EL Kräuter, italienisch
1 TL Honig

Gewürze

Salz
Pfeffer

100 Gramm Thunfisch besteht zu fast einem Viertel aus...
...Eiweiß, liefert jedoch nur 110 Kilokalorien. Thunfischfilet eignet sich deshalb hervorragend zum Abnehmen.

441 kcal	19 %	54 %	27 %	7g

ABENDESSEN | 20-30 MINUTEN

Tilapia mit Gemüse, Salat und Reis

Zubereitung

1. Den Reis nach Packungsanleitung im Salzwasser kochen. Den Fisch waschen, trocknen, mit Salz und Pfeffer würzen und mit dem Mehl bestreuen.

2. Die Möhre schälen und in Scheiben schneiden. Die Tomaten und Zitrone in Scheiben schneiden. Die Bohnen in einem Sieb mit Wasser abspülen und abtropfen lassen.

3. Das Öl in einer Pfanne erhitzen, das Filet von beiden Seiten 2-3 Minuten anbraten und mit einer Zitronen- und Tomatenscheibe belegen. Dann den Fisch herausnehmen und warmhalten.

4. Die Möhrenscheiben mit der Gemüsebrühe in die Pfanne geben und 3 Minuten andünsten. Die Bohnen dazugeben und weitere 2 Minuten köcheln lassen.

5. Den Salat waschen, trocknen und klein zupfen. Die Zwiebel schälen, in Würfel schneiden und mit den restlichen Tomatenscheiben in eine Schale geben.

6. Für das Dressing den Balsamico mit dem Zitronensaft und Honig in eine Schale geben, gut verrühren und nach Geschmack mit Salz und Pfeffer würzen. Den Fisch mit dem Pfannengemüse und Salat anrichten, das Dressing über den Salat gießen und servieren.

Zutaten

250 g Tilapia
45 g Vollkornreis
2 Tomaten
0,25 Zitrone
40 g Salat, nach Wahl
60 g grüne Bohnen, Dose
1 Möhre
2 EL Gemüsebrühe
0,25 Zwiebel
1 TL Öl
1 TL Dinkelmehl
1 TL Balsamico, hell
1 TL Zitronensaft
1 TL Honig

Gewürze

Salz
Pfeffer

483 kcal | 50 % | 33 % | 17 % | 7 g

Auflauf mit Geflügel, Blumenkohl, Paprika und Feta

Zubereitung

1. Den Backofen auf 200 °C Ober-/Unterhitze vorheizen.
2. Die Röschen vom Blumenkohl trennen, 5 Minuten in kochendes Salzwasser geben und anschließend in einem Sieb abgießen.
3. Die Paprika entkernen, waschen und in Streifen schneiden. Die Zwiebel schälen und würfeln.
4. Das Fleisch in mundgerechte Stücke schneiden.
5. Das Öl in einer Pfanne erhitzen und das Hähnchenbrustfilet mit den Zwiebelwürfeln und Paprikastreifen 3 Minuten rundherum anbraten. Nach Geschmack mit Salz, Pfeffer und Chili würzen, die Gemüsebrühe und das Tomatenmark hinzufügen und noch 2 Minuten köcheln lassen.
6. Die Blumenkohlröschen in die Auflaufform geben, den Fetakäse darüber zerbröseln und den Inhalt vom Pfannengemüse darüber gießen.
7. Den Auflauf mit dem geriebenen Mozzarella bedecken und Rosmarin garniert für ca. 30 Minuten im Backofen garen lassen.

Zutaten

150 g Hühnerbrustfilet
150 g Blumenkohl
1 Paprika, grün
0,5 Zwiebel
1 TL Tomatenmark
50 ml Gemüsebrühe
50 g Feta, 9 % Fett
50 g ger. Mozzarella, 45 % Fett
1 TL Rapsöl

Gewürze

Salz
Pfeffer
Chili
Rosmarin

469 kcal | 15 % | 55 % | 30 % | 10 g

ABENDESSEN | 20-30 MINUTEN

Hähnchenfleisch in Tomatensoße mit Reis

Zubereitung

1. Den Reis nach Anleitung zubereiten.
2. Das Fleisch in mundgerechte Stücke schneiden.
3. Die Zwiebel und Knoblauchzehe abziehen und klein würfeln.
4. Das Öl in einer tiefen Pfanne erhitzen und die Fleischstücke, Zwiebel- und Knoblauchwürfel ca. 2 Minuten anbraten.
5. Die Tomaten mit dem Basilikum in die Pfanne geben, mit Salz, Pfeffer und Honig nach Belieben würzen und die Tomaten mit einer Gabel zerdrücken. Alles noch 4 bis 5 Minuten köcheln lassen.
6. Den Pfanneninhalt zusammen mit dem Reis anrichten und mit Petersilie garniert servieren.

Zutaten

150 g Hähnchenfilet
250 g Tomaten, Dose
50 g Vollkornreis
0,5 Zwiebel
0,5 Knoblauchzehe
1 TL Rapsöl
0,5 TL Honig
1 EL Basilikum, gehackt
1 EL Petersilie, gehackt

Gewürze

Salz
Pfeffer

Hühner- und Putenfleisch ist besonders wertvoll, da es viel...
...Vitamine liefert und einen Eiweißgehalt von bis zu 25 % aufweist.

460 kcal | 47 % | 39 % | 16 % | 4 g

ABENDESSEN | 20-30 MINUTEN

Hähnchenbrust mit Kartoffeln, Möhre, Tomaten und Parmesan

Zubereitung

1. Das Fleisch mit Salz und Pfeffer würzen. Den Backofen auf 160 °C Ober-/Unterhitze vorheizen.
2. Die Kartoffeln waschen und mit Schale ca. 10 Minuten kochen. Anschließend vierteln. Die Möhre schälen und in Scheiben schneiden. Die Tomaten halbieren und die Gewürzgurke in Scheiben schneiden.
3. Das Öl in einer Pfanne erhitzen und das Fleisch von jeder Seite ca. 3 Minuten anbraten. Zusammen mit dem Rosmarinzweig in Alufolie einwickeln und im Backofen warm stellen.
4. In dieselbe Pfanne die Möhrenscheiben geben und ca. 4-5 Minuten andünsten. Die Tomatenhälften, Erbsen, Gurkenscheiben und Kartoffelstücke mit der zerdrückten Knoblauchzehe hinzufügen und weitere 3 Minuten dünsten. Mit Salz und Pfeffer nach Belieben abschmecken.
5. Das Fleisch aus der Alufolie herausnehmen, mit Parmesan bestreuen und ca. 3 Minuten auf der oberen Schiene des Backofens überbacken.
6. Das Pfannengemüse mit der Hähnchenbrust anrichten und mit dem Paprikapulver und der Kresse garniert servieren.

Zutaten

150 g Hähnchenbrustfilet
30 g Erbsen, Dose
20 g Parmesan
5 Baby-Kartoffeln
5 Kirschtomaten
1 Möhre
0,5 Knoblauchzehe
1 Gewürzgurke
1 TL Rapsöl
1 EL Kresse, geschnitten

Gewürze

Salz
Pfeffer
Paprikapulver, edelsüß
1 Rosmarinzweig

443 kcal | 32 % | 45 % | 23 % | 7 g

ABENDESSEN | 20-30 MINUTEN

Limetten-Hähnchenbrust mit Rosmarin und Salat

Zubereitung

1. Das Hähnchenbrustfilet mit der Hälfte vom Limettensaft beträufeln, mit Salz und Pfeffer würzen und mit dem Mehl bestreuen.
2. Das Öl in einer Pfanne erhitzen, das Hähnchenbrustfilet mit dem Rosmarin in die Pfanne geben und das Hähnchen von beiden Seiten jeweils 4-5 Minuten anbraten bis es goldbraun wird.
3. Den Salat waschen, trocknen und in kleine Stücke zupfen. Die Kirschtomaten halbieren. Die Zwiebel abziehen und würfeln.
4. Den gemischten Salat mit dem Hähnchenbrustfilet auf einem Teller anrichten.
5. Für das Dressing den restlichen Limettensaft mit dem Honig und Öl in eine Schale geben, nach Geschmack mit Salz und Pfeffer würzen und gut verrühren.
6. Das Dressing über den Salat gießen und mit Limettenscheiben garniert servieren.

Zutaten

200 g Hähnchenbrustfilet
12 Kirschtomaten
50 g Kopfsalat
0,25 Zwiebel
1 TL Dinkelmehl
1 TL Rapsöl
1 TL Rosmarin, gehackt

Dressing

2 EL Limettensaft
1 TL Honig
1 TL Olivenöl

Gewürze & Garnitur

Salz
Pfeffer
Limettenscheiben

423 kcal | 25 % | 50 % | 25 % | 4 g

ABENDESSEN | 20-30 MINUTEN

Geflügelsalat mit Chinakohl, Bohnen, Möhre und Paprika

Zubereitung

1. Das Fleisch in mundgerechte Streifen schneiden und mit Salz und Pfeffer würzen.

2. Den Chinakohl in dünne Streifen schneiden, mit der Hälfte vom Honig und Salz nach Geschmack in eine Schale geben und gut durchkneten.

3. Die Paprika entkernen, waschen und längs in Streifen schneiden. Die Möhre schälen und ebenfalls in dünne Streifen schneiden. Die grünen Bohnen in einem Sieb abspülen und abtropfen lassen. Den weißen Teil der Frühlingszwiebel klein würfeln und den Rest in längliche Stücke schneiden.

4. Das Öl in einer Pfanne erhitzen, die Fleischstücke 4-5 Minuten anbraten, herausnehmen und warm stellen.

5. Die Frühlingszwiebelwürfel in dieselbe Pfanne geben und 2 Minuten andünsten. Mit der Brühe ablöschen, den Senf, restlichen Honig und Essig hinzufügen und nach Geschmack mit Salz, Pfeffer und Chiliflocken würzen.

6. Das vorbereitete Gemüse zu einem Salat vermischen, zusammen mit dem Fleisch anrichten und mit dem Sud aus der Pfanne begießen und servieren.

Zutaten

200 g Putenbrust
150 g Chinakohl
75 g grüne Bohnen, Dose
1 Frühlingszwiebel
1 TL Rapsöl
1 Paprika, rot
1 Möhre
50 ml Gemüsebrühe
1 EL Weißweinessig
2 TL Honig
0,5 TL Dijon-Senf

Gewürze

Salz
Pfeffer
Chiliflocken

419 kcal | 30 % | 52 % | 18 % | 12 g

ABENDESSEN | 20-30 MINUTEN

Buchweizen mit Möhrenpüree und Hühnerfleisch

Zubereitung

1. Den Buchweizen nach Packungsanleitung in gesalzenem Wasser zubereiten.
2. Die Möhren schälen und mit der Tomate grob in Stücke schneiden. Die Schalotte und den Knoblauch abziehen. Die Schalotte grob würfeln und den Knoblauch pressen.
3. Einen Topf mit der Hälfte des Öls einpinseln und die Möhrenstücke 3 Minuten unter Rühren anbraten. Dann die Schalottenwürfel und den Knoblauch hinzufügen und weitere 3 Minuten braten. Dann die Tomatenstücke hinzufügen, alles mit der Brühe ablöschen und noch 6 Minuten köcheln lassen.
4. Währenddessen das Hühnerfilet in kleine, mundgerechte Stücke schneiden. Eine Pfanne mit der anderen Hälfte des Öls auspinseln, auf mittlerer Stufe erhitzen und die Stücke rundum ca. 6 Minuten anbraten. Mit Salz, Pfeffer und Paprikapulver würzen.
5. Nun die Sojasoße zu den Möhren geben und alles pürieren. Nach Geschmack mit Salz und Pfeffer würzen und die Petersilie mit dem Hühnerfleisch unterheben.
6. Alles zusammen anrichten und mit etwas Petersilie garniert servieren.

Zutaten

140 g Hühnerbrustfilet
50 g Buchweizen
3 Möhren
1 Tomate
0,5 Schalotte
2 TL Sojasoße
50 ml Gemüsefond
0,5 Knoblauchzehe
2 TL Öl
1 EL Petersilie, gehackt

Gewürze

Salz
Pfeffer
Paprikapulver

478 kcal | 43 % | 36 % | 21 % | 9 g

ABENDESSEN | 50-60 MINUTEN

Auflauf mit Hackfleisch, Champignons und Kartoffeln

Zubereitung

1. Den Backofen auf 180 °C Ober-/Unterhitze vorheizen.
2. Die Kartoffeln schälen, in Würfel schneiden und 20 Minuten im Salzwasser kochen. Anschließend abgießen.
3. In der Zwischenzeit die Champignons putzen und in Scheiben schneiden. Die Zwiebel und den Knoblauch abziehen und in Würfel schneiden.
4. 2 EL der Gemüsebrühe in einer Pfanne erhitzen und die Zwiebel- und Knoblauchwürfel mit dem Hackfleisch 3-4 Minuten anbraten. Die Pilze dazugeben und weitere 2 Minuten anbraten. Dann beiseite stellen.
5. Die Kartoffeln in eine Auflaufform geben und den Pfanneninhalt darüber geben.
6. Die restliche Brühe mit dem Frischkäse und dem Senf in eine Schale geben, gut verrühren und nach Geschmack mit Salz, Pfeffer und Muskat würzen.
7. Die Soße über den Auflauf gießen, mit dem Gouda bestreuen und für ca. 15-20 Minuten in den Backofen geben.

Zutaten

200 g Kartoffeln
100 g Champignons
100 g Rinderhackfleisch, mager
50 ml Gemüsebrühe
40 g Frischkäse, 5 % Fett
30 g geriebener Gouda, 16 % Fet
0,5 Zwiebel
0,5 Knoblauchzehe
1 TL Senf

Gewürze

Salz
Pfeffer
Muskat

455 kcal | 33 % | 37 % | 30 % | 7 g

ABENDESSEN | 50-60 MINUTEN

Auflauf mit Rinderhack, Zucchini und Paprika

Zubereitung

1. Den Backofen auf 200 °C Unter-/Oberhitze vorheizen.

2. Den Knoblauch und die Zwiebel schälen und klein würfeln. Die Paprika entkernen, waschen und in dünne Streifen.

3. Die Zucchini in Scheiben schneiden.

4. Das Rinderhack mit den Knoblauch- und Zwiebelwürfeln in eine beschichtete Pfanne geben und 4-5 Minuten anbraten. Dabei regelmäßig umrühren.

5. Dann die Paprikastreifen mit den Tomaten, dem Oregano, Frischkäse und Tomatenmark hinzufügen, nach Geschmack mit Salz, Pfeffer, Muskatnuss und Chili würzen und 3 Minuten weiterbraten. Dabei regelmäßig umrühren.

6. Den Pfanneninhalt mit den Zucchinischeiben in der Auflaufform verteilen, mit Mozzarella bestreuen, mit Dill garnieren und den Auflauf für 30 Minuten in den Backofen geben. Anschließend heraus nehmen und servieren.

Zutaten

125 g Rinderhack, mager
50 g Mozzarella, gerieben, light
50 g Frischkäse, 5 % Fett
100 g Tomaten, Dose
1 TL Tomatenmark
1 Paprika, rot
0,5 Zwiebel
1 Zucchini
0,5 Knoblauchzehe
0,5 TL Oregano, getrocknet

Gewürze

Salz
Pfeffer
Muskatnuss
Chili
Dill

441 kcal | 46 % | 26 % | 28 % | 12 g

ABENDESSEN | 20-30 MINUTEN

Steak mit grünem Spargel und Tomaten

Zubereitung

1. Beim Spargel die holzigen Enden abschneiden, das untere Drittel schälen und anschließend 10 Minuten im Salzwasser kochen.
2. In der Zwischenzeit die Tomaten vierteln, die Zwiebel schälen und in Ringe schneiden.
3. Das Steak mit Salz und Pfeffer würzen. Das Öl in eine erhitzte Pfanne geben, das Steak mit dem Thymianzweig belegen und 2-3 Minuten von jeder Seite braten. Anschließend herausnehmen und in Alufolie ruhen lassen.
4. Den Spargel abgießen und zusammen mit den Tomaten, Kräutern und dem Balsamico 2-3 Minuten in der Pfanne anbraten und mit Salz und Pfeffer abschmecken.
5. Das Steak mit dem Spargel und den Tomaten anrichten, den Sud aus der Pfanne drüber gießen und servieren.

Zutaten

250 g Rindersteak
250 g Spargel, grün
2 Strauchtomaten
0,5 Zwiebel, rot
1 TL Rapsöl
1 TL Kräutermix
1 TL Balsamico, hell
1 Thymianzweig

Gewürze

Salz
Pfeffer

454 kcal | 16 % | 54 % | 30 % | 6 g

ABENDESSEN | 40-50 MINUTEN

Auflauf mit gekochtem Schinken und Romanesco

Zubereitung

1. Den Backofen auf 200 °C Ober-/Unterhitze vorheizen.
2. Die Röschen vom Romanesco trennen und 4 Minuten in kochendem Salzwasser blanchieren.
3. Die Schalotte abziehen und fein würfeln.
4. Den gekochten Schinken in kleine Stücke schneiden.
5. Den Frischkäse mit der geschälten Pellkartoffel, den Schalottenwürfeln und der Gemüsebrühe in einen Topf geben und zerdrücken. Dann kurz aufkochen und cremig rühren.
6. Den Romanesco abgießen, in die Auflaufform geben, die Schinkenstücke verteilen und die Frischkäsesoße darüber gießen.
7. Nach Geschmack mit Salz, Pfeffer und Muskatnuss würzen und den Auflauf für 30 Minuten in den Backofen geben.

Zutaten

400 g Romanesco
150 g Hinterkochschinken
100 g Frischkäse, 5 % Fett
75 ml Gemüsebrühe
1 Pellkartoffel
0,5 Schalotte

Gewürze

Salz
Pfeffer
Muskatnuss

In 100 g Romanesco stecken rund 280 Milligramm Kalium. Dieser Mineralstoff hält unser Herz im Takt und beugt Herzrhythmusstörungen vor.

421 kcal | 32 % | 53 % | 15 % | 10 g

ABENDESSEN | 10-20 MINUTEN

Schweinefilet mit Möhren und Kartoffeln

Zubereitung

1. Die Zwiebel abziehen und klein würfeln.
2. Die Kartoffeln und Möhren schälen, waschen und grob würfeln.
3. Das Fleisch in mundgerechte Stücke schneiden.
4. Das Öl in einer tiefen Pfanne erhitzen und die Fleischstücke mit den Zwiebelwürfeln und dem Tomatenmark 4 bis 5 Minuten rundherum anbraten, dann heraus nehmen und warm stellen.
5. Dann die Kartoffelwürfel mit der Gemüsebrühe in die Pfanne geben und 20 Minuten köcheln lassen. Nach 10 Minuten die Möhrenwürfel hinzufügen und zum Schluss das Fleisch wieder in die Pfanne geben.
6. Alles mit Salz, Pfeffer und Paprikapulver nach Belieben würzen und mit Petersilie garniert servieren.

Zutaten

150 g Schweinefilet
200 ml Gemüsebrühe
200 g Möhren
2 TL Öl
1 TL Tomatenmark
200 g Kartoffeln
0,5 Zwiebel

Gewürze

Salz
Pfeffer
Paprikapulver
Petersilie

Petersilie stärkt das Immunsystem & unterstützt die Leber.
Zudem hat sie eine harntreibende sowie blutreinigende Wirkung.

475 kcal	42 %	37 %	20 %	12 g

Aubergine mit Pilzen, Schinken und Käse überbacken

Zubereitung

1. Den Backofen auf 200 °C Ober-/Unterhitze vorheizen.
2. Die Aubergine in 1 cm dicke Scheiben schneiden, auf ein mit Backpapier ausgelegtes Backblech legen, salzen und ziehen lassen.
3. Den Kochschinken klein schneiden. Die Schalotte schälen und fein würfeln. Die Champignons putzen und ebenfalls sehr fein würfeln.
4. Das Öl mit dem Ajvar in einer Pfanne erhitzen und die Schalottenwürfel 1 Minute anbraten.
5. Dann die Champignons dazu geben und 5 Minuten unter ständigem Umrühren anbraten. Mit Salz und Pfeffer nach Geschmack würzen.
6. Den Pfanneninhalt und den Schinken auf den Auberginenscheiben verteilen und mit dem geriebenen Gouda bedecken.
7. Das Ganze für ca. 20 Minuten in den Ofen geben, bis der Käse geschmolzen ist. Die fertigen Auberginenscheiben dann mit Basilikum garniert servieren.

Zutaten

1 Aubergine
150 g Hinterkochschinken
250 g Champignons
0,5 TL Öl
40 g Gouda, 30 % Fett gerieben
1 Schalotte
1 EL Ajvar
1 EL Basilikum, gehackt

Gewürze

Salz
Pfeffer

437 kcal	18 %	54 %	28 %	12 g

ABENDESSEN | 10-20 MINUTEN

Schupfnudeln mit Zuckerschoten und Schinkenwürfel

Zubereitung

1. Die Schupfnudeln nach Packungsanweisung zubereiten und anschließend abgießen.
2. Die Enden der Zuckerschoten abschneiden und dann im Salzwasser ca. 10 Minuten kochen.
3. Die Zwiebel schälen und in kleine Würfel schneiden.
4. Das Öl in einer Pfanne erhitzen und die Zwiebel- und Schinkenwürfel 2 Minuten anbraten.
5. Die fertigen Schupfnudeln und die Zuckerschoten hinzufügen, mit Salz und Pfeffer würzen und 4 Minuten anbraten. Die Tomaten nach 2 Minuten hinzufügen. Anschließend mit der Gemüsebrühe ablöschen und etwas ziehen lassen.
6. Den Pfanneninhalt anrichten und mit Limettenscheiben garniert servieren.

Zutaten

200 g Schupfnudeln
200 g Zuckerschoten
6 Kirschtomaten
0,25 Zwiebel
40 ml Gemüsebrühe
25 g Schinkenspeckwürfel
1 TL Öl
1 TL Petersilie, gehackt

Gewürze

Salz
Pfeffer
Limettenscheiben

Zuckerschoten, auch Kaiserschoten genannt, sind die...
...Frühform der Erbsen. Im Innern befinden sich die noch nicht entwickelten Samen.

453 kcal | 66 % | 19 % | 15 % | 5 g

ABENDESSEN | 10-20 MINUTEN

Gnocchi in Rahmspinat mit Schinkenspeck

Zubereitung

1. Die Zwiebel schälen, fein würfeln und den Schinkenspeck klein schneiden.
2. Den Rahmspinat in einem Topf nach Packungsangaben zubereiten.
3. Das Öl in einer Pfanne erhitzen und die Zwiebelwürfel mit dem Schinkenspeck und den Gnocchi 5 Minuten anbraten. Nach Geschmack mit Salz und Pfeffer würzen.
4. Den Rahmspinat anrichten, den Pfanneninhalt darüber geben und das Gericht mit Basilikum garniert servieren.

Zutaten

150 g Gnocchi
250 g Rahmspinat, TK
1 TL Öl
50 g Schinkenspeck, fettarm
0,5 Zwiebel

Gewürze

Salz
Pfeffer
Basilikum

472 kcal	55 %	19 %	21 %	2 g

ABENDESSEN | 20-30 MINUTEN

Suppe mit Kabeljau und Krabben

Zubereitung

1. Die Zwiebel- und Knoblauchzehe schälen und würfeln.
2. Die Paprika entkernen, waschen und ebenfalls würfeln.
3. Das Kabeljaufilet abwaschen und trocken tupfen.
4. Das Rapsöl in einer Pfanne erhitzen und die Krabben 3 Minuten scharf anbraten. Nach 2 Minuten die Paprika-, Zwiebel- und Knoblauchwürfel hinzufügen und alles noch 3 Minuten dünsten lassen.
5. Die Gemüsebrühe und passierten Tomaten hinzufügen und alles nach Belieben mit Salz, Pfeffer, Paprikapulver, Kümmel, Curry und Zitronensaft würzen.
6. Das Kabeljaufilet und die Petersilie in die Suppe geben, weitere 10 Minuten köcheln lassen und dann servieren.

Zutaten

200 g Kabeljaufilet
150 g Krabben, küchenfertig
150 ml Gemüsebrühe
150 ml Tomaten, passiert
0,5 Paprika, rot
0,5 Paprika, grün
0,5 Zwiebel
0,5 Knoblauchzehe
2 TL Rapsöl
1 EL Petersilie, gehackt

Gewürze

Salz
Pfeffer
Paprikapulver
Kümmel
Curry
Zitronensaft

Der Kabeljau hat mit 0,8 g Fett pro 100 Gramm einen sehr...
...geringen Fettanteil. Das Fleisch des Kabeljaus ist weiß, zart, mager und schmeckt angenehm mild und leicht salzig.

472 kcal | 17 % | 56 % | 27 % | 8 g

ABENDESSEN | 20-30 MINUTEN

Hühnersuppe mit Nudeln, Möhre und Fenchel

Zubereitung

1. Das Fleisch in mundgerechte Stücke schneiden.
2. Die Möhre schälen, waschen und in Scheiben schneiden.
3. Die Schalotte abziehen und würfeln.
4. Den Strunk vom Fenchel wegschneiden, die Blätter klein schneiden und für die Garnitur zurücklegen.
5. Das Öl in einem Topf erhitzen und die Fleischstücke und Schalottenwürfel ca. 2 Minuten anbraten. Das vorbereitete Gemüse dazu geben, die Hühnerbrühe auffüllen und alles ca. 10 Minuten köcheln lassen. Anschließend die Nudeln dazu geben und weitere 8-10 Minuten köcheln, bis die gewünschte Bissfestigkeit erreicht ist.
6. Den Zitronensaft und das Fenchelgrün hinzufügen, die Suppe mit Salz und Pfeffer abschmecken und servieren.

Zutaten

500 ml Hühnerbrühe
150 g Hähnchenbrustfilet
50 g Vollkornnudeln
1 Möhre
1 Schalotte
0,5 Fenchelknolle
1 TL Öl
1 TL Zitronensaft

Gewürze

Salz
Pfeffer

482 kcal | 41 % | 40 % | 19 % | 9 g

ABENDESSEN | 40-50 MINUTEN

Griechischer Linseneintopf mit Geflügel und Paprika

Zubereitung

1. Das Hähnchenbrustfilet in Streifen schneiden.
2. Die Zwiebel abziehen und fein hacken.
3. Den Knoblauch abziehen und ebenfalls fein hacken.
4. Die Paprika entkernen waschen und in Streifen schneiden.
5. Die Tomaten in Würfel schneiden.
6. Die Linsen in einem Sieb mit Wasser abspülen und abtropfen lassen.
7. Das Öl in einer großen beschichteten Pfanne erhitzen und die Zwiebel- und Knoblauchwürfel mit den Geflügelstreifen 2 Minuten scharf anbraten. Dann mit der Gemüsebrühe ablöschen, die Tomatenwürfel, Paprikastreifen, Linsen und das Tomatenmark hinzufügen und alles zusammen 10 Minuten köcheln lassen.
8. Abschließend mit Salz, Pfeffer und Oregano würzen und servieren.

Zutaten

200 ml Gemüsebrühe
175 g Hähnchenbrustfilet
200 g braune Linsen, Dose
100 g Tomaten
0,25 Paprika, rot
0,25 Zwiebel
1 TL Rapsöl
1 Knoblauchzehe
1 TL Tomatenmark

Gewürze

Salz
Pfeffer
Oregano

477 kcal | 33 % | 50 % | 17 % | 11 g

ABENDESSEN | 30-40 MINUTEN

Gemüseeintopf mit Kartoffeln, Erbsen und Paprika

Zubereitung

1. Die Kartoffeln schälen, in Würfel schneiden und ca. 15 Minuten im Salzwasser kochen.
2. Die Zwiebel und den Knoblauch schälen und würfeln.
3. Die Paprika entkernen, waschen und ebenfalls würfeln.
4. Das Öl in einer Pfanne erhitzen und die Paprika-, Zwiebel- und Knoblauchwürfel 3 Minuten anbraten und dabei regelmäßig umrühren. Die Gemüsebrühe mit dem Zitronensaft, den Erbsen und Kartoffeln hinzufügen, nach Geschmack mit Salz, Curry, Kreuzkümmel und Cayennepfeffer würzen und noch 5 Minuten bei niedriger Temperatur köcheln.
5. Den fertigen Eintopf mit Petersilie garniert servieren.

Zutaten

250 g Kartoffeln
200 ml Gemüsebrühe
100 g Erbsen, TK
1 Paprika, rot
0,5 Zwiebel
0,5 Knoblauchzehe
1 EL Tomatenmark
1 TL Öl
1 TL Zitronensaft

Gewürze

Salz
Curry
Kreuzkümmel
Cayennepfeffer
Petersilie

Zu viel Salz in der Suppe? Einfach ein bis zwei geschälte...
...rohe Kartoffeln in die Suppe geben und etwas kochen lassen. Die Knollen saugen das Salz auf und so wird die Suppe wieder genießbar.

401 kcal | 72 % | 15 % | 13 % | 16 g

ABENDESSEN | 20-30 MINUTEN

Hackfleischsuppe mit Paprika, Tomaten und Möhren

Zubereitung

1. Die Paprika entkernen, waschen und in Würfel schneiden. Ein paar Paprikaringe für die Garnitur abschneiden und beiseitelegen.
2. Die Tomaten waschen und in Würfel schneiden.
3. Die Zwiebel und den Knoblauch schälen und ebenfalls in Würfel schneiden.
4. Die Möhren schälen und in Scheiben schneiden.
5. Das Öl in einem Topf erhitzen und das Hackfleisch mit den Zwiebel- und Knoblauchwürfeln 4-5 Minuten anbraten, Nach Geschmack mit Salz, Pfeffer und den beiden Paprikasorten würzen.
6. Die Tomaten- und Paprikawürfel mit den Möhrenscheiben in einem zweiten Topf mit 20 ml Gemüsebrühe 2 Minuten anbraten. Dann die restliche Gemüsebrühe hinzufügen und 10 Minuten köcheln lassen. Dann alles mit einem Handmixer fein pürieren, das Hackfleisch untermischen und noch einmal abschmecken.
7. Die fertige Suppe mit Schnittlauchröllchen und Paprikaringen garniert servieren.

Zutaten

175 g Rinderhack, mager
1 Paprika, rot
2 Tomaten
2 Möhren
0,5 Zwiebel
0,5 Knoblauchzehe
250 ml Gemüsebrühe
1 TL Rapsöl

Gewürze

Salz
Pfeffer
Paprikapulver, rosenscharf
Paprikapulver, edelsüß
Schnittlauchröllchen

445 kcal | 29 % | 42 % | 29 % | 12 g

ABENDESSEN | 30-40 MINUTEN

Spanischer Hähncheneintopf

Zubereitung

1. Das Hähnchen in mundgerechte Stücke schneiden.
2. Das Fleisch mit Salz, Pfeffer und Paprikapulver würzen.
3. Die Champignons putzen und vierteln.
4. Die Kartoffel schälen, waschen und grob würfeln.
5. Die Zwiebel und Knoblauchzehe abziehen und ebenfalls grob würfeln.
6. Das Öl in einem Topf erhitzen und das Fleisch kräftig von allen Seiten ca. 3 Minuten anbraten. Die Zwiebel- und Knoblauchwürfel mit den Champignons, Oliven und Kartoffelstücken dazu geben und weitere 3 Minuten braten. Dann die Brühe, Tomaten sowie den Rosmarinzweig hinzufügen und alles zusammen ca. 20 Minuten köcheln lassen. Dabei Gelegentlich umrühren.
7. Das fertige Gericht mit Salz, Pfeffer und Zitronensaft abschmecken und servieren.

Zutaten

100 ml Gemüsebrühe
250 g Hähnchengeschnetzeltes
100 g Tomaten, Dose
5 Oliven, schwarz
5 Champignons
1 Kartoffel
1 Knoblauchzehe
0,5 Zwiebel
1 Rosmarinzweig
1 TL Öl

Gewürze

Salz
Pfeffer
Paprikapulver, edelsüß
Zitronensaft

431 kcal | 22 % | 63 % | 15 % | 6 g

Buddha-Bowl mit Quinoa, Avocado und Joghurt-Dip

Zubereitung

1. Den Quinoa nach Packungsanleitung zubereiten.
2. Den Salat unter klarem Wasser abspülen, in mundgerechte Stücke zupfen und trocknen.
3. Die Paprika entkernen, waschen und in Streifen schneiden. Die Möhre schälen und in mundgerechte Scheiben schneiden.
4. Die Kichererbsen und Kidneybohnen in einem Sieb unter klarem Wasser abspülen und abtropfen lassen.
5. Die Avocado halbieren, entkernen, das Fruchtfleisch ausheben und in Streifen schneiden. Alles zusammen anrichten.
6. Den Joghurt mit dem Zitronensaft, Honig, Senf und Dill in ein Schälchen geben, nach Belieben mit Salz und Pfeffer würzen und verquirlen.
7. Das Dressing über die angerichteten Buddha-Bowl gießen und servieren.

Zutaten

40 g Salat, nach Wahl
50 g Kichererbsen, Dose
50 g Kidneybohnen, Dose
40 g Quinoa
0,5 Paprika, rot
1 Möhre
30 g Avocado
100 g Joghurt, 1,5 % Fett
1 EL Zitronensaft
1 EL Dillspitzen
1 TL Honig
1 TL Senf

Gewürze

Salz
Pfeffer

482 kcal | 58 % | 16 % | 26 % | 15 g

ABENDESSEN | 20-30 MINUTEN

Mini-Quiche mit Tomaten, Zucchini und Mozzarella

Zubereitung

1. Den Backofen auf 180 °C Ober-/Unterhitze vorheizen.
2. Die Zucchini in dünne Scheiben schneiden und die Tomaten halbieren.
3. Die Schalotte abziehen und klein würfeln.
4. Die Pellkartoffel schälen und grob raspeln.
5. In einer Schüssel das Mehl mit dem Salz, den Kartoffelraspel, Eiklar und Ricotta zu einem glatten Teig verkneten. Die Mini-Quiche-Form fetten und gleichmäßig bis zum oberen Rand mit dem Teig auslegen und ca. 3-5 Minuten vorbacken.
6. In der Zwischenzeit ein Schuss Brühe in einer beschichteten Pfanne erhitzen und die Schalottenwürfel ca. 2 Minuten andünsten. Dann die Zucchinischeiben und die Tomatenhälften hinzufügen, die restliche Brühe angießen und weitere 3-5 Minuten dünsten. Nach Belieben mit Salz, Pfeffer und Kräutern würzen.
7. Den Pfanneninhalt in die vorgebackene Tartelettes füllen, mit Mozzarella bestreuen und im Backofen auf der mittleren Schiene ca. 10-12 Minuten ausbacken und dann servieren.

Teig

40 g Dinkelvollkornmehl
35 g Ricotta, fettarm
1 Eiklar
1 Pellkartoffel

Füllung

150 g Zucchini
50 ml Gemüsebrühe
40 g ger. Mozzarella, 45 % Fett
4 Kirschtomaten
75 g Ricotta, fettarm
1 Schalotte

Gewürze

Salz
Pfeffer
Kräuter der Provence

441 kcal 52 % 26 % 22 % 8 g

Tipps für Ihre

GEWICHTSABNAHME

Je mehr Sie von diesen Erfolgstipps umsetzen, desto sicherer erreichen Sie Ihr Abnehmziel. Sie entscheiden dabei, welche Tipps zu Ihnen passen und welche Sie umsetzen. Denn nur wenn Sie diese Tipps dauerhaft beibehalten, wird sich dauerhaft etwas verändern. Es ist dabei wie mit der Ernährung. Rezepte, die Ihnen nicht schmecken, werden Sie nicht ewig essen.

DIE BESTEN TIPPS FÜR EINE GUTE UND LANG ANHALTENDE MOTIVATION

Sie wissen sicherlich wie man sich gut und gesund ernährt. Dieses Wissen alleine ist jedoch nicht ausreichend für eine Ernährungsumstellung. Abnehmen scheitert eher an der fehlenden Konsequenz im Alltag. Deswegen ist eine starke Motivation ein guter Erfolgsgarant. Erfahren Sie nun was Sie tun können, damit es von Anfang an rund läuft.

Die visuelle Vorstellung was Sie wieder alles tun werden, wenn Sie Ihr Wunschgewicht erreicht haben, ist ein sehr starker Motivationshebel. Hier zwei Beispiele: „Wenn ich wieder in mein schönes Abendkleid passe, möchte ich beschwingt und frei über die Tanzfläche schweben." Oder „Wenn ich meine Sommerfigur erreicht habe, möchte ich leicht und locker am Strand laufen." Wie Ihr Zielgewicht, sollten Sie auch Ihre Vision aufschreiben und ein klares Bild davon haben. Rufen Sie diese Vorstellung regelmäßig ab. Vor allem wenn Sie in Situationen kommen, die Sie von Ihrem Ziel abbringen. Allein die Vorstellung, wie Sie Ihre Vision erreichen, gibt Ihnen Kraft auftretende Schwierigkeiten erfolgreich zu überwinden. Vielleicht haben Sie ein altes Foto zur Hand, auf dem Sie erkennbar schlanker sind? Oder eines, das Sie mit Ihrem aktuellen Gewicht zeigt und das Sie gar nicht mögen? Beides kann Sie motivieren, an Ihrem Vorhaben festzuhalten.

Wenn eine bessere Gesundheit und eine bessere Figur als Anreiz zum Abnehmen nicht ausreichen, dann überlegen Sie sich Belohnungen, die Sie wirklich anspornen. Warten Sie vor allem nicht mit der Belohnung bis Sie Ihr Abnehmziel erreicht haben. Belohnen Sie sich schon, wenn Sie an den ersten Etappenzielen angekommen sind. So können Sie sich z. B. einen Geldbetrag überlegen, den Sie für jedes erreichte Etappenziel für Shoppen,

Wellnessmassagen oder andere schöne Dinge ausgeben. Ein tägliches Eigenlob für die kleinen Erfolge zeigt ebenfalls gute Wirkung. Wenn Sie kleinere Tagesziele geschafft haben, klopfen Sie sich dafür auf die Schulter.

Je mehr Positives Sie während Ihrer Gewichtsabnahme erleben, desto eher bleiben Sie am Ball. Spüren Sie daher diese positiven Erlebnisse auf und machen sich diese bewusst. Wie z. B. das vitale Gefühl, dass Sie nach einer leichten und gesunden Mahlzeit haben. Im Gegensatz zu dem Trägheitsgefühl nach einer üppigen Fast-Food-Mahlzeit. Halten Sie sich diese positiven Erlebnisse stets vor Augen und programmieren so Ihr Unterbewusstsein um. Automatisch fällt dann in Zukunft öfter die Entscheidung für die gesündere und leichtere Variante.

Überforderung ist der Motivationskiller Nummer 1 und eine der häufigsten Ursachen für das Scheitern neuer Vorhaben. Vor allem unrealistische Erwartungen setzten Sie stark unter Stress. Damit werden Sie mehr Niederlagen als Erfolgserlebnisse sammeln. Dann ist es nur noch eine Frage der Zeit, wann Sie das Handtuch werfen.

Auch sehr strenge Ziele wie „ab morgen esse ich keine Süßigkeiten und Fast Food und trinke keinen Alkohol mehr", sind unrealistisch und eine Aufgabe ist vorprogrammiert. Ebenso ist das tägliche Wiegen ein häufiger Motivationskiller. Wiegen Sie sich am besten nur einmal die Woche, immer am gleichen Tag, zur gleichen Zeit und mit der gleichen Kleidung oder unbekleidet. Tragen Sie das Gewicht in eine Tabelle ein und verfolgen den Verlauf über Wochen. Ansonsten machen Sie sich nur verrückt. Nutzen Sie dazu einfach unseren Gewichtscoach, indem Sie sich ein kostenloses Konto auf www.invikoo.de erstellen.

Viele Menschen scheitern, weil Sie zu wenig Unterstützung bekommen. Leichter wird es, wenn Sie sich Abnehmpartner suchen. Zu zweit oder in der Gruppe motivieren Sie sich gegenseitig und halten länger durch.

Auch Freunde und Bekannte können Sie in Ihr Projekt einbeziehen. Je mehr Menschen Sie einbinden, desto mehr Zeugen und Verbündete haben Sie. Reagieren Sie dann aber nicht genervt, wenn diese Ihre Pflicht tun und Sie an Ihre Absichten erinnern.

Machen Sie Ihren Erfolg nicht nur an Ihrem Gewicht fest. Auch wenn die Klamotten nicht mehr so eng sind, die Konturen im Spiegel besser werden, mehr Vitalität in Ihr Leben kommt, sollten Sie sich darüber freuen. Sie werden merken, dass Sie sich gleich wohler fühlen.

MIT POSITIVEM DENKEN ZUM ERFOLG

Freuen Sie sich über jeden kleinen Fortschritt und blenden dabei negative Emotionen aus. Ein schlechtes Gewissen wegen sporadischer Abweichungen quält bloß und lähmt. Nehmen Sie es leicht und gehen dann wieder entspannt und konzentriert an Ihr Projekt. Dick wird man nicht an einem Tag – und schlank auch nicht.

Trainieren Sie Ihr Zentrum für positive Erlebnisse beim Genuss gesunder Mahlzeiten. Speichern Sie diese in Ihrem Unterbewusstsein ab und Ihre Chancen, die neu gewonnenen Gewohnheiten dauerhaft beizubehalten, steigen enorm.

Für eine dauerhaft gute Motivation sollten alle Lebensmittel erlaubt sein. Auch die ungesunden und dick machenden, solange Sie maßvoll damit umgehen. Dann aber bitte ohne schlechtes Gewissen! Halten Sie sich an Ihren Plan und wenn Sie ab und zu Ausnahmen machen, ist das völlig in Ordnung. Es ist für Ihre langfristige Motivation wichtig, dass Sie Ihre Lieblingsspeisen ohne schlechtes Gewissen genießen können. Lernen Sie einen gesunden Umgang damit und verlieren dabei nicht das Maß. Eine Möglichkeit für diese kleinen Auszeiten ist der „Schlemmertag". Gönnen Sie sich einmal in der Woche einen Tag, an dem Sie Ihre Lieblingsspeisen genießen. Das sollte aber nicht in Völlerei ausarten.

HABEN SIE SPAß BEIM ABNEHMEN

In vielen Köpfen herrscht noch immer der Glaubenssatz, dass Abnehmen eine Quälerei ist. Dadurch wird das Abnehmen negativ belegt und viele Menschen bekommen regelrecht Angst davor. Genuss und Abnehmen ist aber kein Widerspruch. Es funktioniert. Mit diesem Buch werden Sie es erleben.

Die besten

VERHALTENS-TIPPS

Regelmäßiges Tappen in Essfallen und unbewusstes oder falsches Essen bringen schnell zusätzliche Pfunde auf die Waage. Spüren Sie daher Ihre persönlichen Problemsituationen auf und eliminieren Sie diese aus Ihrem Leben.

GEHEN SIE CLEVER EINKAUFEN

Achten Sie darauf nicht hungrig einkaufen zu gehen. Dabei landet automatisch viel mehr in Ihrem Einkaufskorb. Nämlich alles, worauf Sie gerade Appetit haben. Notlösungen vor dem Einkaufen sind etwas Rohkost wie eine Möhre oder ein Apfel. Auch ein Glas Mineralwasser hemmt den Appetit.

LERNEN SIE IHR ESSEN WIEDER ZU GENIEẞEN

Es sind nicht die seltenen Ausnahmen, die sich negativ auf Ihr Gewicht und Ihre Gesundheit auswirken, sondern regelmäßige Ausschweifungen. Genießen Sie bewusst. Ein Stück Schokolade kann für eine Minute oder länger im Mund bleiben und schmeckt dabei zunehmend intensiver. Es entfaltet sich erst nach einiger Zeit ihr volles Aroma.

Stellen Sie den Genuss in den Vordergrund und lassen den Fernseher dabei aus. Legen Sie auch Ihr Mobiltelefon, Tablet oder die Zeitung in dieser Zeit weg. Konzentrieren Sie sich voll und ganz auf Ihre Mahlzeit. Oft reichen dann schon kleine Mengen, um den Genuss zu befriedigen.

Haben Sie Geduld mit den neuen Gewohnheiten. Schaffen Sie sich Erinnerungshilfen, die Ihre Aufmerksamkeit immer wieder auf Ihr neues Vorhaben lenken. Wenn Sie z. B. mehr Wasser trinken wollen, dann platzieren Sie ein Glas Wasser immer in Sichtweite, nehmen immer eine kleine Wasserflasche für unterwegs mit, kleben Post-it Zettel mit Erinnerungen an markante Orte, stellen stündlich einen Wecker im Mobiltelefon oder laden sich eine entsprechende App herunter.

VERBANNEN SIE SÜSSIGKEITEN, CHIPS, KNABBEREIN & CO

Am besten haben Sie diese Dinge gar nicht erst im Haus. Dann kommen Sie auch nicht in Versuchung. Denn mal ganz ehrlich: Wer isst schon eine Handvoll Chips oder eine Praline und stellt die volle Packung zurück in den Vorratsschrank? Daher sollten Sie Ihre Selbstdisziplin nicht zu sehr strapazieren und sich gar nicht erst in Versuchung bringen. Haben Sie Ihren Gelüsten erst einmal nachgegeben, tritt zusätzlich noch der „Jetzt-ist-es-doch-sowieso-schon-egal-Effekt“ ein. Der lässt Sie noch beherzter zuzugreifen. Lagern Sie daher zu Hause am besten gar keine Naschereien.

RÜCKFÄLLE, DAS RICHTIGE UMFELD & ESSVERHALTEN

Gerade am Anfang ist die Gefahr in alte Verhaltensmuster zurückzufallen groß. Bereiten Sie sich deshalb auf Situationen vor, die sich Ihrem Vorhaben entgegenstellen: Geburtstagsfeiern, Feiertage, Geschäftsreisen, Urlaube etc. Legen Sie sich einen Plan zurecht, wie Sie trotzdem an Ihrem Vorhaben fest halten. Verzweifeln Sie auf gar keinen Fall bei Rückfällen, sondern halten das einmal gefasste Ziel im Auge. Es funktioniert nicht von heute auf morgen, sondern erfordert regelmäßige Übung.

Buchen Sie keine All-inclusive-Urlaube und meiden Restaurants mit All-You-Can-Eat Angeboten. Einzige Ausnahme ist die Salatbar. Essen Sie in der Kantine Ihren Salat nicht neben den Personen, die sich gleich zwei Menüs bestellen. Denn in der Umstellungsphase ist es hinderlich, wenn Sie sich beim Essen in Gesellschaft von Personen befinden, die gerne viel und ungesund essen.

Mal ehrlich: Essen Sie in Ruhe und ganz bewusst – oder schlingen Sie alles schnell und nebenbei herunter? Wer schlingt, hat schlechte Chancen auf ein Sättigungsgefühl. Denn dieses setzt erst nach 15 bis 20 Minuten ein.

Schaffen Sie sich bei jeder Mahlzeit ein ruhiges Umfeld und decken den Tisch schön ein. Widmen Sie sich Ihren Mahlzeiten voll und ganz und lassen sich nicht ablenken. Kauen Sie intensiv und konzentrieren sich dabei auf den Geschmack Ihrer Mahlzeit. Das fördert den Genuss und das Bewusstsein für Ihre Speisen.

TRICKSEN SIE IHREN APPETIT AUS

Achten Sie zukünftig darauf, möglichst selten der Verführung durch Auge und Nase zu erliegen. Das gilt für den Einkaufsbummel vorbei an Würstchen-, Hähnchen-, Döner, Pizza oder Frittenbuden und dem Bäcker. Aber nicht nur gute Gerüche wirken appetitanregend. Auch das Auge isst mit. Ist Ihnen nicht auch schon einmal nach einem appetitanregenden Werbespot das Wasser im Munde zusammen gelaufen? Versuchen Sie solche Situationen gerade in der Anfangsphase zu meiden.

DER STOPP-BEFEHL

Das Stopp-Schild ist das eindeutigste Verkehrszeichen der Welt. Wenn sich Ihnen zukünftig Hindernisse in den Weg stellen, dann sagen Sie deutlich zu sich: „Stopp – Ich falle wieder in meine alten Verhaltensmuster!“ Rufen Sie sich anschließend Ihre Vision ins Gedächtnis und bleiben bei Ihrem Vorhaben.

„CHEN“ UND „LEIN“ MACHEN ALLE DINGE KLEIN

Diese Verniedlichungen reduzieren Ihre Schuldgefühle und Ihr schlechtes Gewissen. Lassen Sie solche Verniedlichung grundsätzlich weg. Schließlich wissen wir alle, dass zu viel Torte dick macht. Aber ein kleines Stückchen oder ein Törtchen kann doch kaum etwas ausmachen, oder?

WENIGER TV-ABENDE

Nichts gegen einen gemütlichen Fernsehabend, solange er die Ausnahme als die Regel ist. Denn häufiges Fernsehgucken hat „Dickmacherpotenzial“. Bis zu 300 Kalorien mehr nahmen Probanden der Universität Massachusetts zu sich, wenn sie Ihr Essen vor dem Fernseher vertilgten. Wer statt einer Stunde vorm TV zusätzlich einen Spaziergang macht, verbrennt dagegen viele weitere Kalorien.

Tipps gegen

HEIẞHUNGER

Um Heißhunger zu vermeiden, ist es hilfreich zu verstehen, wie dieser entsteht? Heißhunger kann körperliche und psychische Ursachen haben. Bestimmte Lebensmittel oder Inhaltsstoffe bzw. fehlende Nährstoffe können genauso Heißhunger auslösen, wie die Produktion bestimmter Hormone oder gleichbleibende Gewohnheiten. Spüren Sie Ihre persönlichen Schwachstellen auf und leiten konkrete Gegenmaßnahmen ein.

MEHR BALLASTSTOFFE, VOLUMEN & VITALSTOFFE

Manche Fast-Food-Produkte werden bewusst ohne Ballaststoffe entwickelt, damit sie ein möglichst geringes Sättigungsgefühl auslösen. Das erhöht den Umsatz der Fast-Food-Restaurants. Ballaststoffe haben dagegen wenig Kalorien, viele gesundheitsfördernde Funktionen und wirken unheimlich sättigend. Gerade in Verbindung mit Wasser quellen sie im Darm richtig auf und machen lange satt. Hinzu kommt die intensive Kauarbeit. Je länger Sie kauen, desto schneller sind Sie satt. Daher finden Sie viele ballaststoffreiche Rezepte in diesem Buch. Damit sichern Sie Ihre tägliche Ballaststoffzufuhr und sorgen für eine gute und schlank machende Darmflora.

Im Magen sitzen Dehnungsrezeptoren, die ab einer gewissen Nahrungsmenge Sättigungssignale produzieren. Daher haben wir in Ihren Ernährungsplan viele Lebensmittel mit einer niedrigen Energiedichte eingebaut. Diese füllen Ihren Magen und liefern Ihnen jede Menge Vitalstoffe, die zur Sättigung beitragen. Heißhunger kann z. B. entstehen, wenn Ihrem Körper ein bestimmter oder mehrere Vitalstoffe fehlen.

WENIGER ZUCKER, WEISMEHLPRODUKTE & STRESS

Nach dem Verzehr von Weißmehlprodukten und Zucker fällt Ihr Blutzuckerspiegel nach steilem Anstieg schnell wieder ab. Süß- und Heißhunger ist die Folge. Tauschen Sie daher diese Kohlenhydrate gegen Vollkornprodukte aus und reduzieren den Zucker. Achtung: Vor allem in vielen Fertigprodukten stecken wahre Zuckerbomben. Achten Sie auf die Inhaltsangaben. Hier ein paar Beispiele, hinter welchen Begriffen sich der Zucker versteckt: Dextrin, Stärke-Sirup, Süßmolkenpulver, Oligofruktose, Laktose, Dextrose, Saccharin, uvm.

Ebenso können Stresssituationen Süß- und Heißhungerattacken auslösen. Hinzu kommt, dass Sie sich abends nach einem besonders stressigen Tag belohnen möchten. Oft mit Süßigkeiten oder Knabbereien. Unser Gehirn produziert unmittelbar nach dem Verzehr von Zucker Dopamin. Dieses Hormon macht glücklich, zufrieden und satt. Zumindest kurzfristig. Langfristig droht die Gefahr einer Gewöhnung und man braucht immer mehr Süßes, um den gleichen Effekt auszulösen. Schwitzen Sie daher den Stress lieber aus. Denn Sport und ausdauernde Bewegung ist das beste Mittel gegen Stress. Auch aktive Entspannungsübungen wie Yoga, Meditation und andere Methoden helfen.

PFEFFERMINZE, AKUPRESSUR & ALTE GEWOHNHEITEN

Hatten Sie abends schon einmal Süßhunger, der nach dem Zähne putzen verschwunden ist? Der Pfefferminzgeschmack unterdrückt nämlich den Appetit auf süß. Also einfach zwischendurch einen Minztee trinken, auf Minzblättern oder einem zuckerfreien Pfefferminzkaugummi kauen, oder abends kurz nach dem Essen schon die Zähne putzen. Ein Akupressurpunkt hilft Ihnen ebenfalls beim Heißhunger. Drücken Sie mit dem Zeigefinger die Vertiefung zwischen Nase und Oberlippe fünfzehn Sekunden lang und atmen dabei tief durch. Dieser Punkt meldet dem Gehirn Sättigung.

Mancher Heißhunger entsteht aus reiner Gewohnheit. Haben Sie es sich zum Beispiel zur Gewohnheit gemach jeden Abend Schokolade zu essen, dann meldet sich die Schokolust automatisch und ein Verzicht fällt schwer. Gelingt es Ihnen sich für einige Zeit mit anderen Dingen abzulenken oder eine gute Alternative zu finden, dann schwindet der Appetit auf Schokolade nach einigen Tagen. Schaffen Sie neue Gewohnheiten. Knabbern Sie z. B. etwas Gesundes. Es ist erstaunlich, wie schnell sich Ihr Körper und Geist auf die neue Situation einstellen. Studien haben gezeigt, dass der Mensch in nur 30 Tagen eine Gewohnheit ändern kann.

Tipps für einen aktiveren

STOFFWECHSEL

Wir haben Ihnen empfohlen täglich nur 500 Kalorien einzusparen, da sonst der Jo-Jo-Effekt droht. Mit dieser Einsparung nehmen Sie pro Woche ein Pfund ab. Wenn Sie mehr wollen, dann verbrauche Sie einfach 500 Kalorien pro Tag zusätzlich. Dann kommen Sie auf ein Kilogramm Gewichtsverlust pro Woche. Und das ohne zu Hungern oder noch weniger zu essen. Haben Sie Lust darauf? Auch hier gilt. Je mehr Tipps Sie umsetzen, desto schneller werden Sie Ihre Ziele erreichen.

MEHR BEWEGUNG & MUSKELTRAINING

Regelmäßige Bewegung unterstützt das Abnehmen besonders gut. Sie regt den Stoffwechsel an und hält Sie länger gesund. Wenigstens zwei- bis dreimal die Woche sollten Sie sich 30 Minuten ausdauernd bewegen. Es muss kein Hochleistungssport sein – Radfahren, Schwimmen, Walken oder Joggen sind gut geeignet, um Kalorien zu verbrennen.

Mit Muskeltraining verbrennen Sie nicht nur mehr Kalorien, sondern kurbeln Ihren Stoffwechsel dauerhaft an. Denn pro kg Muskulatur verbrennen Sie bis zu 50 kcal pro Tag. Bauen Sie z. B. durch regelmäßiges Muskeltraining 4 kg Muskeln auf, dann verbrennen Sie dadurch bis zu 200 kcal täglich mehr. Das auch an sportfreien Tagen. Außerdem schützten Muskeln Ihre Gelenke und formen Ihre Figur. Also, worauf warten Sie noch?

NICHT HUNGERN & AUF DIE EIWEIẞZUFUHR ACHTEN

Hungern Sie zu lange, suggerieren Sie Ihrem Körper schlechte Zeiten. Ihr Körper schützt sich davor und schaltet auf Sparflamme: Ihr Stoffwechsel wird gedrosselt und Ihr Energieverbrauch sinkt. Diese Anti-Abnehm-Strategie ist eine schlechte Voraussetzung für Ihren Erfolg. Steigt nämlich nach der Diät die Kalorienzufuhr wieder, nehmen Sie umso schneller wieder zu. Am Ende bringt man oft sogar mehr auf die Waage als vor der Diät. Sie landen dann in der Jo-Jo-Falle. Hungern Sie daher nicht zu lange und essen sich mit den richtigen Lebensmitteln satt. Und seien wir mal ehrlich: Wer hat schon einmal für längere

Zeit eine strenge Diät durchgehalten bei der kontinuierlich der Magen knurrte und man einfach immer Hunger hatte?

Mit ausreichend Eiweiß schützen Sie sich vor dem so gefürchteten Muskelabbau. Denn dieser ist zum größten Teil für den Jo-Jo-Effekt verantwortlich. Für die Verarbeitung von Eiweiß benötigen Sie ein Vielfaches an Stoffwechselenergie. Erhöhen Sie z. B. Ihr Eiweißgehalt in der Nahrung von 15 % auf 30 %, dann verbraucht Ihr Stoffwechsel täglich bis zu 200 Kalorien mehr. Und das ohne zu Schwitzen und ohne Bedenken. Denn wenn Sie zwei gesunde Nieren haben und ausreichend trinken, sind 30 % Eiweiß in der Nahrung gesundheitlich völlig unbedenklich. Das bestätigt auch die Deutsche Gesellschaft für Ernährung.

NATÜRLICHE LEBENSMITTEL, SCHÄRFE & ZIMMERTEMPERATUR

Machen Sie einen großen Bogen um hochverarbeitete Lebensmittel aus dem Supermarkt. Häufig enthalten sie viel Zucker, Aromen, Geschmacksverstärker und andere Zusatzstoffe. Diese verstärken Ihren Appetit und animieren Sie mehr davon zu essen. Greifen Sie anstelle dessen zu möglichst vielen natürlichen und unverarbeiteten Lebensmitteln. Diese haben deutlich mehr Ballaststoffe, sättigen besser und liefern wesentlich mehr Vitalstoffe.

Chili, Ingwer, Peperoni und andere scharfe Lebensmittel heizen Ihren Stoffwechsel zusätzlich an. Sie lösen einen thermischen Effekt aus, der zusätzlich Energie verbraucht. Sicherlich haben Sie es selber schon einmal erlebt, dass Ihnen nach scharfem Essen warm wurde oder Sie Angefangen haben zu schwitzen.

Seit den 70er-Jahren hat sich die Temperatur in unseren Wohn- und Schlafräumen von 18 auf 21 °C erhöht. Diese 3 Grad Differenz wiegen schwer: Wärme setzt unseren körpereigenen „Heizofen“ außer Gefecht. Dieser wird aber durch braunes Fett befeuert und lässt es dahinschmelzen. Forscher raten daher zu einer Raumtemperatur von nur 16 °C. Das soll 200 Extrakalorien am Tag verbrennen. Abgesehen von der Ersparnis stellt sich die Frage, ob Sie es wirklich so warm brauchen oder das Aufdrehen der Heizung bloß unbedachte Gewohnheit ist?

RIESENGRATULATION!

Sie haben Ihr Ernährungsprogramm durchgezogen und wiegen heute deutlich weniger. Gehen Sie aber nicht davon aus, dass nun alles so für immer bleibt. Sie haben zwar mit den ersten 4 Wochen den entscheidenden Grundstein gelegt, aber jetzt heißt es, die neuen Rezepte die Ihnen geschmeckt haben, konsequent in Ihren Alltag zu integrieren.

Wenn Sie am Ball bleiben wollen, empfehlen wir Ihnen das kostenlose Konto von invikoo. Hier können Sie Ihre Lieblingsrezepte sammeln, haben Zugriff auf viele weitere Rezepte und können sich sogar Ihre eigenen Ernährungspläne erstellen. Dazu müssen Sie sich lediglich auf www.invikoo.de registrieren. Schauen Sie rein, es lohnt sich garantiert.

Neben der erfolgreichen Gewichtsabnahme, haben Sie sicherlich noch weiteres Positives erlebt. Halten Sie sich das bitte deutlich vor Augen. Fühlen Sie sich vielleicht aktiver, konzentrierter und waren nachmittags nicht mehr so müde? Haben Sie besser geschlafen und bessere Laune gehabt? Haben sich Ihre Gesundheits- und Blutwerte verbessert? Dies und noch vieles mehr, erreichen Sie nämlich mit einer vitalstoffreicheren Ernährung von invikoo. Horchen Sie in sich hinein und erkennen auch diese Dinge als Erfolg an. Nicht zu vergessen, dass Sie mit einer vitaleren Ernährung länger jung bleiben und Sie einen besseren Schutz vor vielen Zivilisationserkrankungen, wie Herz-Kreislauf-Erkrankungen, Diabetes und Krebs haben. All das sind positive Auswirkungen für die es sich lohnt weiterzumachen.

Testen Sie unsere
PREMIUM
MITGLIEDSCHAFT
14 TAGE
GRATIS TESTEN

Vorteile der

PREMIUM MITGLIEDSCHAFT

Jede Woche einen neuen und individuellen Ernährungsplan, über 12.000 Abnehmrezepte. Alle 3 Monate einen kompletten Diätplan für 30 Tage, alle 2 Wochen ein neues 10 Minuten Workout-Video und das für unglaubliche 3,33 € im Monat. Testen Sie diese tollen Angebote 14 Tage Gratis und überzeugen sich selbst:

DAS ABSOLUTE HERZSTÜCK

Der individuelle Diätplaner ist das absolute Herzstück von invikoo. Wöchentlich erhalten Sie neue und persönliche Ernährungspläne. Ganz nach Ihrem Geschmack und Ihren Bedürfnissen. Sie essen also nur, was Ihnen auch wirklich schmeckt und zu Ihrem Alltag und Ihren Zielen passt.

Ihre Favoriten speichern Sie dann in der Merkliste. So finden Sie diese schnell wieder und bauen sich eine eigene „Lieblings-Rezeptdatenbank“ auf.

DIE EINZIGARTIGE DATENBANK

Exklusiver Zugang zu über 12.000 Rezepten:

- ✓ Viele schnelle Rezepte in 10 Minuten
- ✓ Speicherfunktion der Lieblingsrezepte
- ✓ Viele einfache Rezepte zum Mitnehmen
- ✓ Low-Carb, Low-Fat, High-Protein, Vegan uvm.
- ✓ Gewichtscoaching mit Erfolgskurve
- ✓ Schnell Abnehmen mit Rezepten unter 300 kcal

WEITERE REZEPT-IDEEN

ISBN **978-3-9489-3800-0** 19,90€ (D) / 20,45€ (AT)

ISBN **978-3-9489-3803-1** 19,90€ (D) / 20,45€ (AT)

30 TAGE DIÄTPLAN
VEGETARISCH
PLUS:
90 EXTRA DIÄTREZEPTE
10 BAUCHWEG PLÄNE
DIE 30-TÄGIGE
VEGANE DIÄT
90 KÖSTLICHE REZEPTE + 3 VITALFASTENTAGE
invikoo
PLUS:
90 EXTRA DIÄTREZEPTE
10 BAUCHWEG PLÄNE

IMPRESSUM

Copyright:
invikoo Verlag, Peter Kmiecik | Sinziger Straße 31 | 53424 Remagen | www.invikoo.de | info@invikoo.de

Umschlaggestaltung: Adrian Kohi

Layout innen: Adrian Kohi und Marie Stemberger

Haftungsausschluss:
Die Rezepte und Informationen in diesem Buch sind vom Urheber sorgfältig geprüft. Dennoch kann keine Garantie für die Richtigkeit der Angaben übernommen werden. Die Verfasser geben weder direkt noch indirekt medizinische Ratschläge, noch verordnen sie eine Diät ohne medizinische Beratung als Behandlungsform für Krankheiten. Daher übernehmen die Verfasser keine Haftung für Schäden, die direkt oder indirekt aus der Verwendung des Buches entstehen. Für Hinweise und Fehler sind wir Ihnen dankbar.

Bildnachweis:
Alle Bilder via fotolia, shutterstock und stockadobe.

Gedruckt in der EU
ISBN: 978-3-948938-05-5

invikoo
Mein Ernährungsplan